Marc Dannam et Axterdam

Osez...

le Kama Sutra

La Musardine

La Musardine et votre libraire sont heureux de vous offrir ce livre incontournable de la collection « Osez », à garder bien au chaud près de votre lit et à feuilleter au gré de vos envies. Et pour prolonger le plaisir, découvrez tous les titres de la collection en fin de volume !

sommaire

du même auteur chez le même éditeur

Osez faire l'amour partout sauf dans un lit
Osez vivre nu
Osez faire l'amour à 2, 3, 4
Osez réussir votre nuit de noces
Osez le Kama Sutra
Osez l'amour au bureau
Osez pimenter la sexualité de votre couple
Osez 52 scénarios de week-ends érotiques
Osez faire l'amour à Paris
Osez une nuit d'amour parfaite

Cahiers de vacances érotiques
Guide du Paris sexy
1001 secrets érotiques à susurrer à l'oreille de votre amoureux/se
99 cadeaux sexy à offrir à votre amoureux/se
669 gages érotiques
102 scénarios érotiques à réaliser avec votre amoureux/se
Tout Osez
111 défis érotiques

Avec Stéphane Rose :
Sexy Quiz Books
Comment rater sa vie sexuelle

Illustration de couverture : Arthur de Pins
Illustrations intérieures : Axterdam
Conception graphique : Carole Peclers, Monique Plessis

122, rue du Chemin-Vert – 75011 Paris
www.lamusardine.com
ISBN : 978-2-84271-842-8
ISSN : 1768-496X

introduction

Les « positions de l'amour » sont l'un des sujets de recherche favoris des écrivains et des savants depuis la nuit des temps. Combien sont-elles ? Le nombre varie de 36 à l'infini.

En Orient, les sages ont tenté de dresser un inventaire des postures de l'amour. Le maître taoïste Tong Xuan en a défini une trentaine, liste connue dans la culture populaire par l'expression « les 36 positions ». Celle-ci, poétique et charmante, laisse un peu rêveur : *« Union étroite, dévidage de la soie, le dragon qui s'enroule, le poisson aux quatre yeux, le couple d'hirondelles, l'union du martin-pêcheur, les canards mandarins, les papillons voltigeants, les canards renversés, le pin aux branches basses, les bambous près de l'autel, la danse des deux phénix, le phénix et son poussin, le vol des mouettes, la gambade des chevaux sauvages, le coursier au galop, le cheval qui piaffe, le tigre blanc qui bondit, la cigale collée à l'arbre, chat et souris dans le même trou…* « Depuis, des centaines d'ouvrages, de la *Rhétorique des putains* au *Jardin parfumé,* des *Quarante manières de foutre au Bréviaire de l'amour arabe,* ont tenté de dresser la liste définitive et imagée de ces positions voluptueuses.

Nous n'allons évidemment pas tenter de concurrencer nos illustres prédécesseurs en essayant d'inventer d'hypothétiques « nouvelles positions ». En revanche, nous allons prendre en compte un aspect des choses souvent ignoré : tout est affaire de circonstances.

Le sexologue contemporain Jacques Waynberg affirme : *« Les positions des corps à corps érogènes sont tout à la fois innombrables, et tributaires de facteurs étrangers aux lubies, tels que l'inconfort, le mobilier, la pudeur, l'obésité, les rhumatismes, la taille, la fatigue, l'urgence, la myopie, la température… »* De même, l'écrivain romain Ovide dans son *Art d'aimer,* donnait aux femmes un conseil qu'il faudra garder en mémoire. *« Que chaque femme se connaisse bien ; d'après votre physique, choisissez telle ou telle attitude ; la même posture ne convient pas à toutes. La femme dont la figure est particulièrement jolie, s'étendra sur le dos. C'est de dos que devront se montrer celles qui sont satisfaites de leur dos… Celle dont la cuisse est juvénile, dont le torse est sans défaut, que toujours elle s'allonge de côté dans le lit. »*
Voilà bien l'esprit de ce livre. À chaque situation sa position !
Pour la première fois, un *« Kama Sutra »* n'inventorie plus les positions de l'amour selon des logiques qui relèvent davantage de l'acrobatie et de la gymnastique

que du sentiment, mais les ordonne en fonction de l'état d'esprit qui sera le vôtre lorsque vous ferez l'amour…
On ne fait pas l'amour de la même façon – et donc dans la même position – lorsqu'on n'a que quelques minutes de tranquillité dans un bureau désert, ou tout au contraire, lorsqu'on a tout le temps de paresser dans un lit douillet après une longue nuit de débauche. De même, on ne fait pas l'amour dans la même position lorsqu'on est en proie aux délires de la luxure que lorsqu'on veut marivauder gentiment durant une fin d'après-midi ensoleillée…

À chaque situation, mais aussi à chaque sentiment, à chaque genre de relation au sein du couple qui va s'ébattre correspondent donc des « positions de l'amour » particulières.

Et quelle meilleure manière de vous les présenter que d'ordonner vos ébats selon les sept péchés capitaux… Il faudrait s'installer confortablement au lit, jambes emmêlées, la cuisse encore humide, les cheveux en bataille, l'esprit enfiévré du souvenir de nos ébats, les mains farfouillant sous les draps pour caresser encore ce petit sein palpitant, ce sexe qui doucement mollit… et relire enfin saint Thomas d'Aquin ! Peut-on imaginer ouvrage plus érotique, pornographique et – pour tout dire – instructif ! Qui, sans lui, s'inquiéterait encore des sept péchés capitaux ? Une de ses exégèses disait que *« pécher, c'est se tromper de bonheur »*. Nous n'allons pas nous tromper, mais bien explorer l'une après l'autre les manières de jouir en suivant la classification de notre ami Thomas…
L'envie, la gourmandise, l'orgueil, l'avarice, la colère, la luxure, la paresse…

Grâce à ces idées simples, nous allons explorer et décrire les positions du « quick sex », celles qui répondent à une envie impérieuse ; la fellation et le cunnilinctus, des pratiques gourmandes ; les positions de l'exploit sexuel, dictées par l'orgueil ; des positions plus simples mais efficaces pour qui serait avare de mouvements ; les gestes amoureux violents qu'inspire la colère ; les délires torrides de la luxure avant, pour finir de faire mollement l'amour à la paresseuse.

Mais ce *Kama Sutra* est aussi celui d'« Osez », une collection de guides érotiques qui depuis quelques années tente de faire découvrir les mille et une manières de faire l'amour, explorant toutes les pratiques sexuelles, des plus banales aux plus extrêmes : fellation, sodomie, SM, fessée, bondage, bisexualité, triolisme, découverte du Point G ou tournage d'un film X… Aussi notre *Kama Sutra* sera également l'occasion d'explorer ces pratiques sexuelles, en compagnie des auteurs de nos guides.

Et comme il faut bien commencer, nous allons découvrir d'abord les positions « de base ».

Et maintenant, vite, en position !

Marc Dannam & Axterdam

faire l'amour, la preuve par neuf

Avant de commencer ce voyage, n'oubliez jamais que la position n'est que l'un des éléments qui décidera de votre manière de faire l'amour. Il faut aussi prendre en compte les façons de « bouger la tige de jade » pour les garçons, ou d'onduler du bassin pour les filles… même si, de tout temps, les auteurs se sont surtout penchés sur la manière « masculine » de bouger.

Le maître taoïste Tong Xuan affirmait : « *Il y a neuf manières d'agiter la Tige de Jade, et les voici. Un, s'en servir comme un fléau, de droite et de gauche, à la manière dont un général courageux disperse les rangs ennemis. Deux, la mouvoir de haut en bas comme un cheval sauvage qui fait le saut de mouton en passant une rivière. Trois, se retirer et s'enfoncer comme un vol de mouettes qui se jouent dans les vagues. Quatre, alterner rapidement des coups profonds et peu profonds, à la manière d'un moineau becquetant des grains de riz délaissés dans le mortier… Cinq, des coups profonds et peu profonds en succession régulière, comme de grosses pierres s'abîmant dans la mer. Six, pousser en avant avec lenteur, comme un serpent qui entre dans son trou pour hiverner. Sept, des poussées rapides, à la manière d'un rat effrayé qui se précipite dans son trou. Huit, s'élever lentement, comme en traînant les pieds, à la manière d'un faucon agriffant un insaisissable lapin. Neuf, s'élever d'abord puis piquer du nez, comme une grande voile qui brave le coup de vent.* »

C'est également au chiffre neuf qu'arrive le sexologue contemporain Jacques Waynberg. Il y a, selon lui, seulement « *trois manières de bouger – mouvements amples ou non, lents ou rapides, forts ou en douceur – et trois directions des poussées – rectilignes, latérales, ou en "arabesques". Ce qui limite à neuf, au grand dam des crâneurs, l'entier répertoire des styles copulatoires* ».

Sept péchés capitaux, illustrés chacun par sept « positions », neuf manières de se mouvoir… faire l'amour ne serait donc qu'une simple affaire de calcul ?

les quatre positions

Les 36 positions du *Kama Sutra* ne sont que quatre… Ou plus exactement, les « 36 positions » sont sans doute beaucoup plus nombreuses et variées que ce chiffre adopté de manière aléatoire… Mais elles découlent également toutes d'un nombre très restreint de postures.

Une position du *Kama Sutra* se joue à deux, les deux personnages qui la composent : celui qui pénètre, un garçon dans la majorité des cas, plus rarement une fille équipée d'un gode-ceinture, et le pénétré – une fille dans la plupart des cas, un garçon dans le cadre d'une relation homosexuelle ou d'une sodomie passive avec la coquine déjà citée.

Une position est donc un assemblage.
La pénétrée doit être bien installée pour avoir son sexe ou son anus bien ouvert et offert à celui qui la pénètre.

Ce n'est pas très romantique de ramener l'amour et la sexualité à cette imbrication d'un cylindre de chair se glissant dans un orifice lubrifié, mais c'est l'objet de ce guide qui s'intéresse aux positions de l'amour.
Tout se joue dans le rapprochement entre le pénis, la vulve, le clitoris, le vagin, l'anus… Tout doit concourir pour que ce contact et cette pénétration soient facilités… Tout le reste du corps doit être disposé de manière à favoriser ce rapprochement, cela s'appelle les positions de l'amour.

Les positions de base du coït sont donc principalement :

- Le missionnaire, monsieur est allongé sur madame en lui faisant face.
- La levrette, madame est à genoux, elle présente ses fesses à monsieur qui est derrière elle.
- L'Andromaque, monsieur est allongé sur le dos, madame est assise sur lui et sur son sexe.
- Il faut encore ajouter à cette liste des trois positions de base une dernière famille de postures érotiques, les positions du sexe oral, fellation ou cunnilingus. Ces caresses se pratiquent généralement avec le receveur allongé sur le dos et le lécheur à genoux entre ses jambes pour bien prendre le sexe du receveur en bouche.

Si on ne maîtrise pas les « fondamentaux » comme disent les sportifs, comment espérer pouvoir s'offrir quelques fantaisies ? Pour bien faire l'amour, agréablement, confortablement, avec la quasi-certitude d'y prendre du plaisir, il faut donc posséder ces bases, connaître son corps et celui de son partenaire…

1. le missionnaire

Les positions de l'amour ont une histoire. La position apparemment la plus banale aurait été baptisée « missionnaire » par les jeunes filles africaines qui s'étonnaient que les Pères blancs couchant avec elles la pratiquaient et ne connaissaient pas d'autres positions que celle-ci, basique et peu propice à l'expression de la sensualité féminine.

C'est une position qui souffre de la mauvaise réputation associée à « l'amour à la papa », à la passivité féminine et à la lourdeur masculine. Madame peut rester vautrée sur le lit, faire « l'étoile de mer » à attendre que ça se passe, et que monsieur ait fini de s'essouffler sur elle en finissant de la besogner en ahanant…
Présenté comme ça, ça ne fait pas envie.

Il faut pourtant réhabiliter le missionnaire, à la base de multiples variantes que nous découvrirons bientôt. Ses défauts ne sont qu'apparents, la pénétrée n'est soumise et passive que parce qu'elle le veut bien, et seulement si elle le veut bien. Si madame a envie de se laisser aller totalement en ne pensant égoïstement qu'à son plaisir, c'est évidemment son droit le plus strict, et le missionnaire est sans doute la position idéale…
Le missionnaire doit se pratiquer dans ce cas sur une surface douce et confortable, la même position sur le carrelage froid d'une cuisine n'a évidemment pas la même charge érotique, disons que ce sera différent, comme un missionnaire pratiqué sur le sable d'une plage.

La base : Madame est allongée sur le dos, les jambes écartées et allongées, collées au sol. Monsieur la pénètre en s'allongeant sur elle et en prenant légèrement appui sur les avant-bras Il va et vient en elle en bougeant uniquement le bassin, elle ne fait rien, se tenant immobile ou presque… que des avantages.

Cette position convient à peu près aux partenaires de toutes morphologies : si l'érection de monsieur est bien ferme, le clitoris de madame sera très sollicité, monsieur pourra choisir le rythme et la profondeur de la pénétration. Monsieur est excité par la vue de seins de madame qu'il peut caresser. La différence de taille entre les partenaires n'a pas d'importance.

En revanche cette position est déconseillée aux femmes enceintes et peut se révéler compliquée à mettre en œuvre lorsque l'un des deux partenaires est trop corpulent. Un homme lourd peut écraser sa partenaire.

Cette position permet toutes sortes de mouvements, de glissements, de contorsions qui permettent d'enrichir les sensations des deux partenaires, la pénétration étant toujours profonde et maîtrisée par l'homme, mais elle peut aussi l'être par la femme si elle se trouve dans une posture qui lui permet de bouger le bassin ou de prendre appui sur ses jambes ou un sol dur.

Le missionnaire et ses variantes, même les plus complexes, permettent toujours aux deux partenaires de se regarder les yeux dans les yeux et de s'embrasser : c'est une forme d'union fusionnelle et intense.

Parties de jambes en l'air

Ces positions ont donné leur nom à une expression désignant la sexualité, les « parties de jambes en l'air ». Qu'elle les replie pour prendre appui sur la poitrine de son amant ou qu'elle les dresse vers le ciel pour s'offrir plus largement, les jambes relevées de la partenaire féminine permettent toutes sortes de variantes plaisantes.

Le *Kama Sutra* décrit une position dénommée **la Béante** : « *Lorsque la femme-biche lève ses cuisses et les tient toutes grandes écartées sur les épaules de son amant, puis engage le congrès, cela s'appelle la béante.* » Dans le manuel les *Quarante manières de foutre*, un livre érotique français publié en 1790, nous trouvons cette description de **la Catalane**. « *La fille couchée sur le dos lève les jambes et les cuisses, le plus qu'il lui est possible, et elle prend avec les mains ses deux pieds au-dessus de la cheville, pour mieux présenter le mont de Vénus…* » L'**enclume** est une position permettant une pénétration profonde, la femme tend ses jambes et les fesses vers le ciel, l'homme la pénètre avec lourdeur, ses coups se font pesants, les points les plus profonds du vagin sont stimulés.

Les grands mélanges

L'homme et la femme emmêlent leurs jambes, la pénétration se fait « en biais » sollicitant d'autres faces de l'intérieur du vagin. *Le Bréviaire de l'amour arabe*, publié au XVIe siècle, décrit l'une de ces positions, **le Nayk des clercs** : « *L'homme se met sur la femme, une cuisse entre ses cuisses, d'une main il la tient par la hanche et de l'autre par le ventre.* » **La Gamine** entrelacée décrite dans *Les Paradis charnels* ou *Le Divin Bréviaire des Amants*, est une position de ce genre : « *Couchée sur le dos, les jambes étendues et la bite au crac, la belle croise avec l'une de ses jambes une cuisse de son amant.* »

Un homme à genoux

L'homme n'est plus allongé sur le corps de sa maîtresse, mais à genoux entre ses cuisses.
L'homme à genoux, par cette position élevée, oblige la femme à relever le bassin, les deux amants se font face, la femme ne repose plus sur le sol de tout son long, mais simplement par les épaules, dans une sorte de demi-poirier. Dans *Le Bréviaire de l'amour arabe* on peut lire : « *Elle ramène ses genoux contre son buste, les fesses bien levées, lui s'avance sur ses genoux.* »

C'est le **Nayk des bourriques**. Elle peut reposer ses jambes et ses chevilles sur les épaules de son amant, ou les ramener toutes les deux bien jointes sur un côté ou l'autre, l'homme doit alors la pénétrer par l'arrière en se glissant entre ses cuisses bien serrées.
Mais toujours en la regardant dans les yeux, et en ayant la possibilité de lui caresser les seins et de saisir ses fesses à pleines mains.

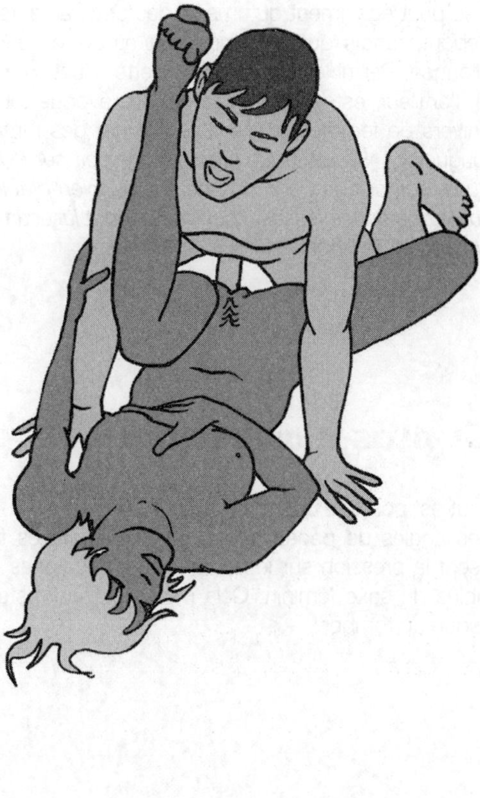

Debout face à face

Deux amants debout, face à face, ne font que faire évoluer une position du missionnaire dans l'espace, la faisant passer de l'horizontale à la verticale. Les statues des temples de Khajurâho présentent des couples faisant l'amour debout face à face, la femme soulève l'une de ses jambes pour enserrer les hanches de son amant et ouvrir son sexe.
Il se peut également qu'un seul des deux amants soit debout, tandis que la femme est assise ou à demi allongée. Parmi les variantes de cette situation, celle-ci, l'artilleur, est la plus gaillarde, elle évoque tout un univers de femmes prises d'assaut par des militaires fougueux. « *Sa baiseuse étant placée soit sur le bord du lit, soit sur un banc ou une chaise, bien d'aplomb sur le dos ou les fesses, l'homme debout lui écarte les jambes et les appuie sur ses épaules…* »

Et plus acrobatique…

Tout est possible quand on s'aime.
Les angles de pénétration un peu compliqués favorisent la pression sur le point G et autres zones sensibles du sexe féminin. Cela mérite qu'on insiste, au risque de tomber…

2. la levrette

Le nom de cette position vient de la nuit des temps, il en rappelle l'élégance mais aussi l'animalité.
La femme est à genoux comme une petite chienne racée, pénétrée par l'arrière par Monsieur qui va et vient dans sa croupe comme un animal fougueux. *Le Bréviaire de l'amour arabe* la nomme **Nayk des brebis**, *« elle se met à quatre pattes ; l'homme lui prend la taille avec ses mains, l'introduit et, de temps en temps, exerce des pressions sur ses hanches »*.
Une célèbre scène du film *La Guerre du feu* présentait une jeune femme préhistorique montrant à son amant qu'il existait d'autres manières de faire l'amour. Le passage de la levrette au missionnaire, permettant aux deux partenaires de se regarder les yeux dans les yeux face à face, étant assimilé à un passage de l'animalité à l'humanité.
Ne nous laissons pas impressionner par cet *a priori* contre la levrette. Elle est également assimilée à une

forme de soumission féminine, la femme étant prise presque par surprise. Il s'est même trouvé des femmes pour affirmer que cette position était dégradante et des sociologues pour affirmer qu'elle était réservée à des femmes dépourvues d'instruction.

Pourtant, elle n'a que des avantages…

Elle convient à tous les types de morphologies, seuls des partenaires de tailles très différentes peuvent être incommodés. Les femmes enceintes et les femmes corpulentes peuvent l'apprécier particulièrement… Elle est surtout appréciée des femmes assez conscientes d'avoir un beau cul.

D'autant que le principal attrait de la levrette pour l'homme est de pouvoir voir, peloter, malaxer et pénétrer un beau cul, l'une de ses principales sources d'excitation.

La levrette est la position de base pour la sodomie. Madame en tendant son cul ouvre largement son anus à la pénétration.
Et plus mademoiselle se cambrera, plus ses fesses s'offriront au regard et plus son point G sera stimulé. De même que ses seins, car les mains de l'homme sont baladeuses, et la levrette les poussent à caresser les poitrines qui ballottent en cadence. À moins que ce cul offert les entraîne à des caresses plus coquines, comme un petit postillon désinvolte – le nom élégant du petit doigt dans le cul.

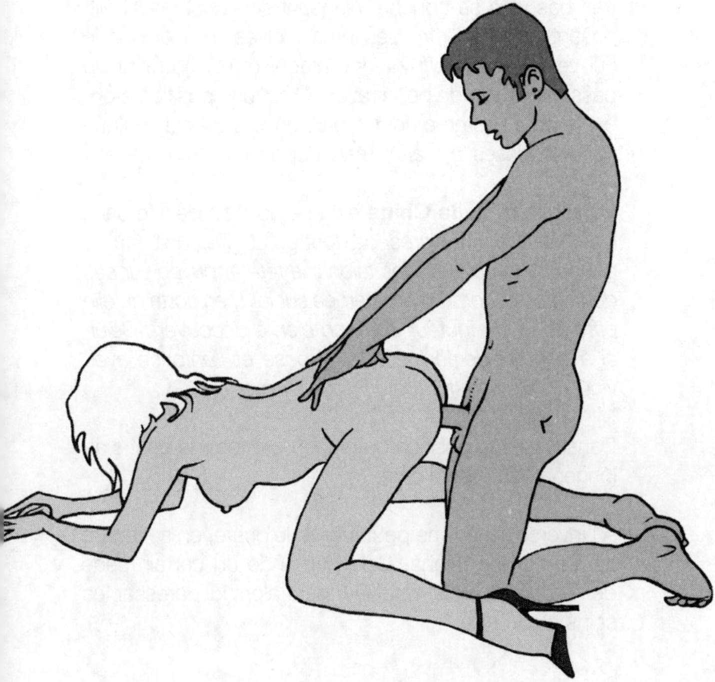

L'inclinaison

La dame ne se tient plus à quatre pattes, mais se penche très bas vers sa couche, plaquant son buste sur le lit, posant sa tête entre ses bras croisés. Elle dresse le cul vers le ciel, l'offrant davantage, mais modifiant au passage l'angle de pénétration. C'est une position étonnante pour l'homme dont la partenaire n'est plus qu'une paire de fesses, apparemment dépourvue de buste.

Le rebours de la Chine est une position décrite dans les *Quarante manières de foutre*. La fille doit être à genoux, « *le cul dans les talons, la tête appuyée sur ses deux bras et comme prosternée sur le lit, en sorte qu'elle offre au vit du fouteur son con bien à découvert. Celui-ci à genoux derrière elle le lui pose et l'enfonce avec vigueur, elle sera foutue d'importance...* »

Dans la même position ou presque, la femme peut s'allonger à demi sur le côté.

À l'inverse, la femme peut relever le buste, en se tenant assise sur les talons. Cela demande un certain sens de l'équilibre, mais monsieur peut alors lui caresser les seins à son aise.

Face contre terre

La femme se plaque sur le sol, le ventre collé au lit, les membres allongés, comme morte. Monsieur s'allonge sur elle ou la chevauche, glissant son sexe entre les fesses bien serrées.
Mais il n'est pas interdit de bouger un peu, comme dans cette position, **La Conquise** décrite dans *Les Paradis charnels* : *« La baiseuse se couche sur le ventre et son amant se couche sur son dos. Elle relève ses jambes et place ses talons contre son fouteur qu'elle aiguillonne. Il passe son bras autour de la taille de l'aimée et lui masse les nichons en la bécotant sur la nuque. »*

Les petites cuillères

Nous les retrouverons lorsque nous explorerons les positions idéales pour les amants paresseux.
Le Jardin parfumé décrit simplement cette position : *« Tu feras placer la femme par terre, couchée sur le côté ; tu te placeras ensuite toi-même sur le côté ; puis entrant dans ses cuisses, tu introduiras ton membre dans son vagin. »*
Des variantes existent, qui impliquent que l'amant soulève l'une des deux jambes de la femme allongée, ou que la dame la soulève seule, verticale ou repliée contre la fesse de son amant. Son cul sera bien pris, sans effort pour elle.

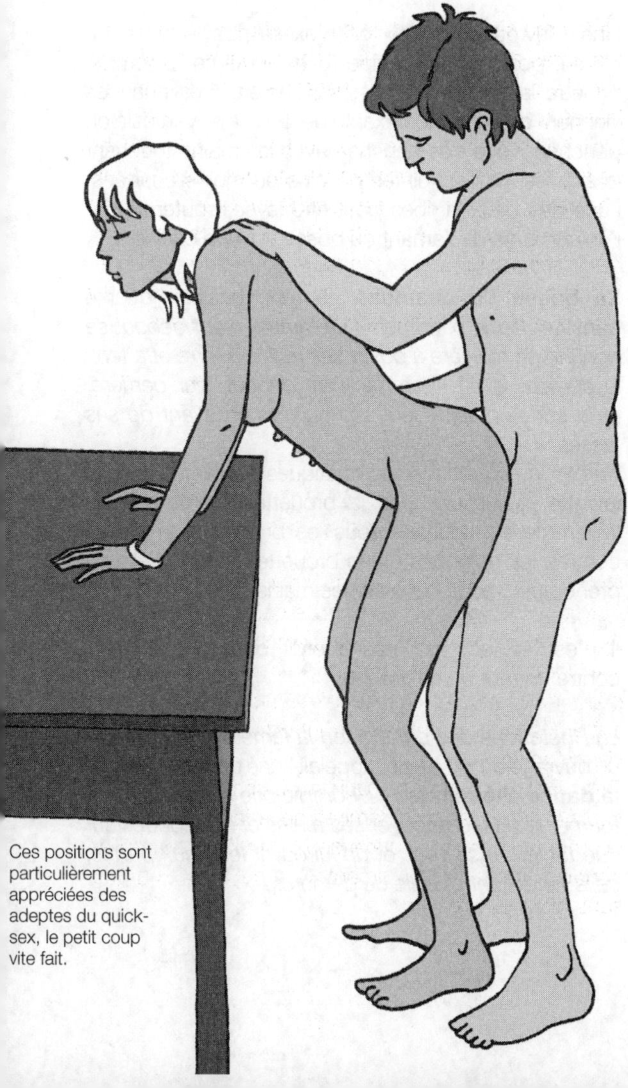

Ces positions sont particulièrement appréciées des adeptes du quick-sex, le petit coup vite fait.

Debout face au mur

Une « levrette debout » ça n'existe pas, c'est autre chose, pourtant le principe reste le même. L'homme pénètre la femme *a tergo*, par l'arrière. Les nuances viennent de la position exacte de la femme, verticale ou penchée, voire très penchée avec les mains touchant le sol, les jambes jointes ou plus ou moins écartées, l'une des deux jambes peut être levée, soutenue par l'un des bras de l'amant ou posée sur une chaise.

La bosse du chameau est une position décrite dans *Le Jardin parfumé* : *« La femme étant debout se penche de manière à poser ses mains à terre et à tenir le derrière levé ; l'homme vient debout, par derrière, et la coïte en saisissant ses cuisses en avant de ses fesses. »*
Parmi les positions acrobatiques variantes de la levrette, n'oublions pas la brouette, les jambes de la femme étant prises sous les bras de son amant comme les poignées d'une brouette tandis qu'elle ne prend appui au sol que sur les mains.

Il n'est évidemment pas interdit de prendre appui contre un mur ou un meuble.

La Rhétorique des putains, ou la fameuse maquerelle, un ouvrage du XIXe siècle, appelait l'une de ces positions **la danse allemande** : *« L'homme prie la femme de lui tourner le dos, d'appuyer ses mains et ses coudes sur une table, de se plier, et de lui ouvrir les deux portes, celle de devant et celle de derrière. »*

3. Andromaque

C'est la troisième position de base du coït considérée comme la plus élégante et « féministe », celle dont le nom est le plus mystérieux et chargé d'histoire. Elle tire son appelation du personnage d'Andromaque, femme du roi Hector, l'un des héros de l'*Iliade* d'Homère. Le poète nous raconta effectivement que durant la Guerre de Troie, Andromaque faisait l'amour avec son mari en le chevauchant.

Monsieur est allongé sur le dos, le sexe dressé, madame est assise sur lui et totalement libre de ses mouvements.

Les jeunes femmes qui chevauchaient leur amant avaient la réputation d'être dominatrices, ou, parfois d'être de fieffées menteuses, comme le raconte Brantôme. « *Cette dame voulait toujours faire l'amour en étant dessus et soumettre à soi son homme… Elle disait que, si son mari ou autrui lui demandait si untel lui avait fait l'amour, elle pourrait ainsi toujours jurer et nier, et protester en toute sécurité sans offenser Dieu, que jamais il n'était monté sur elle. »*

Cette position où la femme « domine » a donc été durant l'histoire associée à la domination de la faiblesse de l'homme. Ce qui est d'une stupidité rare puisqu'il en est le principal bénéficiaire ! Le plaisir féminin vient de cette domination, mais surtout de la maîtrise absolue de ses mouvements, du frottement de son clitoris contre le ventre et le pubis de son amant, des multiples possibilités qu'offre une position apparemment simple. Elle peut se tenir à genoux, ou assise, se frotter d'avant en arrière ou faire bouger son bassin de haut en bas.

Elle n'a que des avantages.
Elle convient à quasiment tous les types de morphologies, seules les femmes vraiment très corpulentes doivent éviter d'écraser leurs partenaires. La position

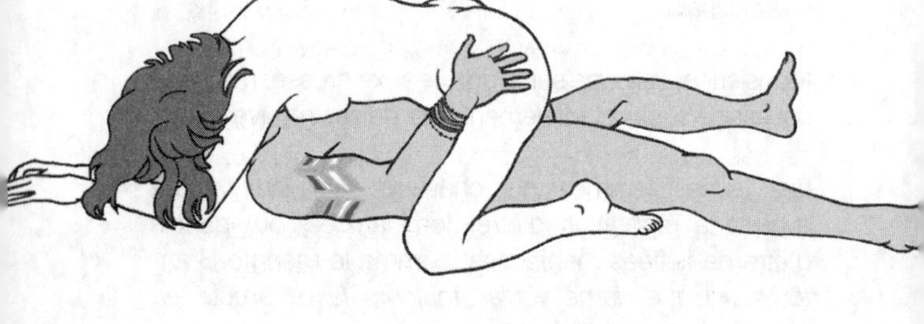

gomme aussi les différences de taille et permet à monsieur de se reposer.
Madame est la maîtresse du jeu et peut choisir son rythme, la profondeur et son angle de pénétration, tandis que monsieur peut voir les seins de sa maîtresse, les caresser, éventuellement les lécher. Il suffit d'un simple déplacement du bassin pour que cette position s'adapte à la sodomie. Madame sera également maîtresse du rythme et de la profondeur de la pénétration.

Femme qui tourne le dos

La position traditionnelle de l'Andromaque peut être retournée. Madame ne chevauche plus son amant en lui faisant face mais en lui tournant le dos, elle en profitera pour se caresser le clitoris ou se le faire caresser, caresser les testicules de son amant qui lui sont pour une fois bien accessibles.
Monsieur va jouir d'un plaisir rare, celui de s'installer bien à son aise pour voir son sexe aller et venir entre les fesses de sa maîtresse, bien concentré sur le spectacle, en jouissant en toute quiétude. Cette position se nomme parfois **le Cavalier perdu**.
La femme peut se mettre à quatre pattes en tournant le dos à son partenaire tandis qu'il se relève et lui caresse les fesses. Le sexe de monsieur sera alors fort tordu, ce qui ne pourra pas lui déplaire, la tension issue de cette torsion produit son petit effet aux deux amants.

L'homme peut aussi replier les genoux pour que la femme y appui son buste et ses seins. Elle peut alors prendre appuis sur les genoux de son amant pour faciliter sa cavalcade.

Le cinéma X nous a habitués à une variante de cette position permettant pour les spectateurs une vision maximale sur les sexes des deux acteurs. Personne ne dit que c'est confortable. Mais face à un miroir ce sera parfait.

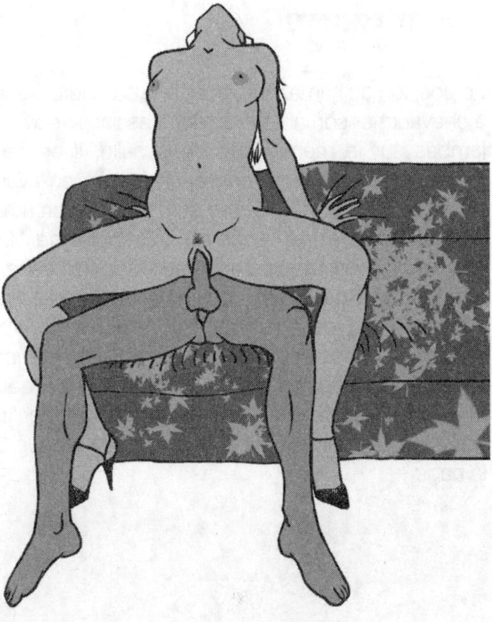

Prendre les jambes à son cou

Madame s'assoit sur le sexe de son partenaire faisant face à son visage et pose ses pieds sur les épaules de l'homme qui pour sa part saisit à pleine main ses deux fesses. Madame ne peut pas bouger à son aise, mais monsieur peut l'aider.
Le sexe de monsieur est évidemment tordu, mais il ne s'en plaindra pas.

L'amazone

La position de l'amazone, pour une cavalière, l'entraîne à chevaucher son animal en étant assise avec les deux jambes sur le même côté de la selle. Il en sera de même au lit. Madame chevauche, mais en ayant les deux jambes du même côté du corps de son amant. Le manuel *La Putain errante* ou *Dialogue de Magdeleine et de Julie*, attribué à L'Arétin, appelait cette position **L'enfant qui dort**, *« quand la femme est accotée sur l'estomac de l'homme, ses épaules contre son bras droit, et ses deux jambes sur la cuisse gauche ».* On l'appelait également le **Voyage en bateau**. La plupart des positions de cette sorte ont des noms associées à l'univers des bateaux, de la barque ou de la nage.

À califourchon

« L'homme est assis en tailleur, le sexe en érection, la femme vient dessus, face contre l'homme, sa bouche dans sa bouche ; ils boivent leurs salives et s'embrassent dans le cou », c'est – selon *Le Bréviaire de l'amour arabe* – la position du **Concombre pelé**. C'est aussi l'une des positions préférées des amateurs de sexe tantrique. L'homme en position du lotus, la femme assise sur lui, repliant ses jambes derrière ses fesses.

« Le fouteur s'assoit sur une chaise, la fille se retrousse et s'assoit aussi, mais sur ses cuisses et lui tourne le dos, ensuite elle passe la main sous sa jupe, saisit le joyeux outil et le met en place… » Les Quarantes manière de foutre.

L'homme peut aussi décider de prendre ses aises en s'asseyant sur un fauteuil. Madame n'aura qu'à s'occuper de tout.

4. le sexe oral

Les positions de l'amour « buccal » sont nombreuses et variées, mais la plupart du temps madame ou monsieur sont allongés sur le dos, jambes écartées, offrant leur sexe aux caresses buccales de leur partenaire.

Pipe ou minette, fellation ou cunnilingus, turlutte ou broute-minou, le sexe oral se déroule toujours dans les mêmes conditions, celui qui bénéficie de la caresse est totalement passif, celui qui la prodigue se glisse entre ses jambes pour avoir accès à son sexe.

La grande languette est une position où « *la maîtresse étant couchée sur le dos, l'amant, ouvrant délicatement le conin palpitant, joue de la langue dans toute la vallée de l'entrecuisse, depuis l'anus qu'il lèche mignardement, jusqu'au bouton, qu'il titille, en passant par l'intérieur du vagin, qu'il émeut jusqu'au délire par de vigoureux et profonds sondages* ». Le sucé (ou la gamahuchée) est confortablement installé, les jambes bien ouvertes pour s'offrir aux caresses. Ni la corpulence ni la différence de taille n'ont d'importance.

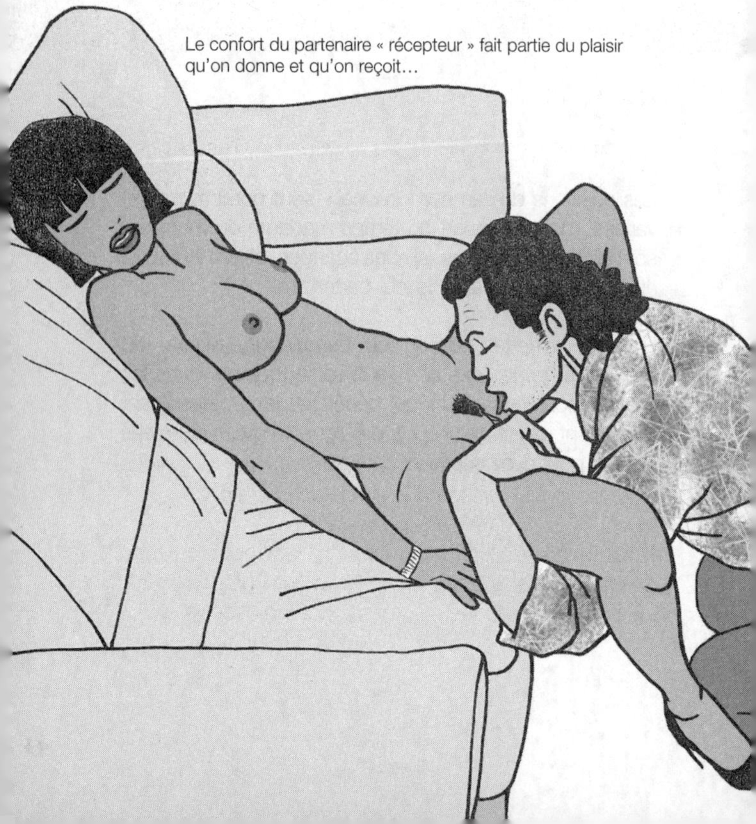

Le confort du partenaire « récepteur » fait partie du plaisir qu'on donne et qu'on reçoit…

QUICK, QUICK…

La fellation est l'un des actes sexuels les plus faciles à réaliser « vite ». Il suffit de trouver le bon endroit, quant à la bonne position c'est une évidence…

LE 69

Cette définition de la « gamahuche » ressemble à notre 69. « *L'homme se couche sur le dos, la femme se place sur lui, de manière que son con soit à la hauteur de la bouche et que le vit touche la sienne. Alors l'amant met la langue dans le con et chatouille le clitoris ; la nymphe suce la pine et caresse le prépuce avec la sienne…* »

Nous reviendrons plus longuement dans notre chapitre consacré à la gourmandise sur la liste des positions idéales pour pratiquer ces genres de caresses.

Les conseils de fellation de « l'experte » Servane Vergy

« Évitez autant que faire se peut la fellation "à la papa", dans le lit, après le film du dimanche soir… Pour créer la surprise et l'excitation, dirigez-vous vers votre chéri au moment où il s'y attend le moins, mettez-lui la main direct au panier, et frottez légèrement, en le regardant droit dans les yeux : pas de doute, il va attraper rapidement une érection d'acier… Ouvrez la braguette, effleurez sa queue, puis sortez-la : s'il bande déjà dur, le sexe est bien décalotté, dans le cas contraire, procédez délicatement avec la main ou les lèvres. Puis donnez de petits coups de langue sur le gland, le frein, la couronne. Baissez le pantalon, léchez à nouveau le gland, puis descendez votre langue le long de la hampe, jusqu'aux testicules, remontez, léchez le gland… puis aspirez le tout ! Allez jusqu'à la gorge, remontez au bord des lèvres, léchez, sucez, pompez… »

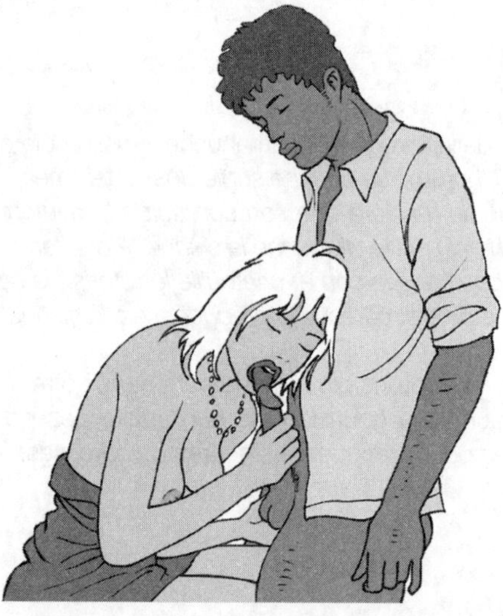

les sept positions des sept péchés capitaux...

1. l'envie

Les positions du quick sex

Comment remédier à « l'envie » de faire l'amour qui vous tenaille subitement ?
Les théologiens donnent de l'envie une définition bien triste : « *Refus de se réjouir du bonheur d'autrui, ou satisfaction de son malheur.* » Ce n'est pas de cela dont il s'agit. Nous allons au contraire glorifier l'envie et les manières de la satisfaire en toutes circonstances et le plus rapidement possible. Dieu qu'il vous fait envie, ce petit cul rebondi, que vous aimeriez vous y glisser, et vous, mademoiselle, que vous êtes moite à l'idée de consommer immédiatement ce petit jeune homme qui vous couve de regards brûlants.

Dans le vocabulaire érotique contemporain, faire l'amour dès que l'envie vous en prend, et parfois dans des situations ou des lieux étranges, porte un nom un peu déprimant : le quick sex. La littérature a toujours raconté avec délice les joies de l'amour en douce, en particulier lorsque s'y ajoute le plaisir transgressif des amours illicites. « *Il existe une foule de maris dans Paris et dans les départements qui ne bandent plus, qui ne baisent plus leurs femmes, et dont le con se fermerait, s'il ne se trouvait pas des fouteurs charitables et des vits complaisants qui viennent leur bassiner le cul avec du foutre, et rompre le jeûne auquel des couillons d'époux condamnent ces malheureuses* », racontait la *Science pratique des filles du monde*, manuel d'érotologie datant de la Révolution française, qui allait jusqu'à inventorier les circonstances pour satisfaire un désir violent. « *Tantôt c'est pendant qu'il est à la cave que l'ami de la maison baise la dame sur la trappe, tantôt c'est lorsqu'il a oublié de fermer la lucarne du grenier que la princesse se bouche le con... »* Aujourd'hui c'est dans la nature, lors d'une promenade, au travail avec des collègues de bureau, en visite chez des amis ou dans des lieux les plus inappropriés que les couples se livrent aux plaisirs rapides du quick sex. Mais dans quelle position ?

Là, oui, là, tout de suite !

MADEMOISELLE EST DEBOUT, ADOSSÉE À UN MUR, JUPE RELEVÉE SUR LE VENTRE, SA JAMBE DROITE ENSERRE LES FESSES DE SON PARTENAIRE QUI A CONSERVÉ SON PANTALON, ELLE LUI PELOTE LES FESSES...

Sous une porte cochère

« *Comment résister, nous en avions envie, simplement. Il faisait beau, l'endroit était désert…* »
Voilà un grand classique de « l'amour furtif », version française du quick sex. Cette position permet une relative discrétion. *La Rhétorique des putains*, ouvrage du XVIIIe siècle considéré comme le *Kama Sutra français*, connaissait déjà cela : « *Lorsque l'homme trouve que la femme est de la même taille que lui, pour faire voir son habileté en ce jeu-là, il la fait tenir debout ; il lui lève la jupe et la chemise, l'embrasse étroitement, la prie d'écarter un peu les cuisses, et, se tenant lui aussi sur ses pieds, il fait l'ouvrage. On appelle cela Passer la rivière à pied sec.* » Dans les manuels indiens d'érotisme, cela s'appelle l'Enfoncement de la cheville.
Cette position peut se pratiquer aisément sans que les deux partenaires soient obligés de se déshabiller complètement. Dans *Osez faire l'amour partout sauf dans un lit*, nous vous donnions déjà les conseils suivants : « *Faire l'amour dans la rue ne peut être envisagé que durant les heures les plus noires de la nuit, dans les rues les moins passantes, dans les villes les plus tranquilles… et encore. Mademoiselle devra éviter de s'encombrer d'une culotte et bannir à jamais le pantalon. Monsieur la prendra debout, de face, la dissimulant de son corps en la plaquant contre un mur. Monsieur*

aura intérêt à porter un vêtement ample, genre imperméable, de manière à ce que de loin les câlins ressemblent à un dernier bisou avant de rentrer. »
Le plaisir sera plus intense si les deux partenaires sont à peu près de la même taille. La jeune femme, prenant appui sur le mur pourra rythmer l'étreinte de solides coups de reins en avant. En relevant sa jambe jusqu'à hauteur des fesses de son amant, Mademoiselle pourra modifier à sa guise l'angle de pénétration, de même qu'elle pourra – si sa taille le lui permet – onduler du bassin. Mais le principal plaisir sera lié à la situation.

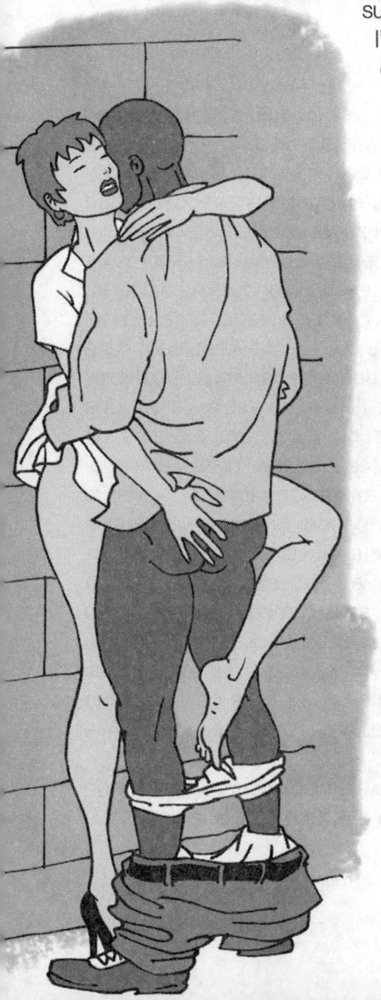

La cavalière du bois

IL EST ASSIS SUR UNE CHAISE, ELLE SE POSE SUR SON SEXE DRESSÉ. PRENEZ BIEN APPUI SUR LE SOL ET CHEVAUCHEZ VOTRE ALEZAN, MADEMOISELLE. N'HÉSITEZ PAS À FOUETTER VOTRE MONTURE POUR QU'ELLE PRENNE LE BON RYTHME.

Chaise de jardin

Rien de plus facile à trouver qu'une chaise. Dans un jardin public, une salle d'attente, un salon désert, c'est la complice idéale d'un « petit coup vite fait » dans des circonstances où il apparaît quasiment impossible de s'allonger. La chaise a bien des mérites, son assise et son dossier permettent de caler solidement le corps de Monsieur sur lequel Mademoiselle ondulera. La chaise, dépourvue d'accoudoirs, permet à Mademoiselle de se camper solidement sur le sol. C'est évidemment l'une des positions favorites des gourgandines. Les libertins la décrivaient ainsi : (L'homme est assis sur une chaise.) « *La fille se met sur lui à califourchon, le visage en face de lui qui la caresse. Elle met l'oiseau en cage, et par ses mouvements excite son ramage…* » Mettre l'oiseau en cage ! Pour apporter quelques variantes à la situation, Monsieur peut glisser l'un de ses avant-bras sous la cuisse de Mademoiselle, qui ne prendra plus appui que sur une seule jambe, donnant à son corps un mouvement en déséquilibre, très agréable pour qui le subit. Les plus acrobates des jeunes filles peuvent pendant l'étreinte relever l'une de leur jambe jusqu'à la poser sur l'épaule de leur partenaire. Et cela change tout.
Sur le plan pratique, il serait mieux pour tout le monde que Mademoiselle porte une jupe qu'elle n'aurait plus

qu'à relever le moment venu. Monsieur n'a guère d'initiative. En revanche Mademoiselle, pour peu qu'elle ait de longues jambes, pourra donner à son bassin un mouvement ample et varié. Son clitoris est très sollicité, en contact direct et intime avec le ventre et la frondaison pubienne de Monsieur : stimulation garantie.

Au bout du bord du banc

VOUS VOICI ASSISE AU BORD DE CE BANC DE CHAIR, DONT UNE CHEVILLE VOUS PÉNÈTRE. ASSEYEZ-VOUS DAVANTAGE, RELEVEZ-VOUS UN PEU, ASSEYEZ-VOUS ENCORE, RELEVEZ-VOUS… CETTE POSITION S'APPELLE AUSSI « BATEAU SUR L'EAU ».

Bancs publics

Point n'est besoin d'être nus ! Voilà une position adaptée à de multiples situations et qui vient agrémenter la gamme limitée des « positions du quick sex ». Elle peut se pratiquer en plein air, c'est rafraîchissant… Mademoiselle peut garder sa jupe et peut-être aussi sa culotte. Elle peut prendre appui des deux mains sur le bord du banc, voire sur la poitrine et la cuisse de son amant. C'est elle seule qui imposera le rythme et le mouvement… En règle générale, les jeunes femmes qui chevauchaient leur amant avaient la réputation d'être dominatrices, ou, parfois d'être de fieffées menteuses, comme le raconte l'écrivain Brantôme, l'auteur des *Dames galantes*, bréviaire de l'érotisme de la Renaissance. *« Cette dame voulait toujours faire l'amour en étant dessus et soumettre à soi son homme… Elle disait que, si son mari ou autrui lui demandait si untel lui avait fait l'amour, elle pourrait ainsi toujours jurer et nier, et protester en toute sécurité sans offenser Dieu, que jamais il n'était monté sur elle. »*
Mais disons-le, ce que l'on retiendra ici, c'est moins leur caractère dominateur que leurs

capacités sportives. Cette position est fatigante à la longue. Quelques séances de gym seront les bienvenues en guise d'entraînement.

Monsieur est assez passif, mais il peut se rattraper en caressant les fesses, la cuisse et le clitoris de Mademoiselle qui lui sont accessibles sous un angle inédit. L'angle de pénétration du sexe de Monsieur est lui aussi particulier. La torsion infligée au pénis aura un effet très bénéfique sur le point G de Mademoiselle. Pendant l'étreinte, Mademoiselle peut se pencher en avant en prenant pour appui ses genoux, Monsieur n'étant plus allongé sur le dos mais sur le côté…

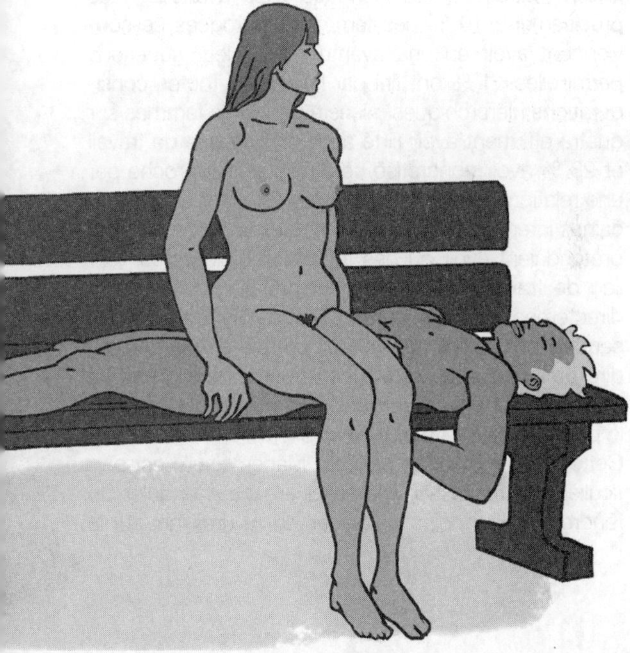

A.R.T.T.

MADEMOISELLE POSE LE TORSE SUR LE PLATEAU DE LA TABLE ET OFFRE SON DERRIÈRE AUX ASSAUTS DE CE CHARMANT COLLÈGUE DE PASSAGE.

Vie de bureau

Quelle pagaille sur ce bureau, il faudra pousser tous ces objets inutiles qui l'encombrent, téléphone, paperasses et pots à crayons.
Selon un sondage de l'AFP, en 2002, 61 % des femmes actives affirmaient que *« flirter sur le lieu de travail est bon pour le moral »*, et que 83 % d'entre elles se sentiraient flattées qu'on leur fasse des avances. Plus précisément, 10 % des femmes interrogées se souviennent avoir eu une aventure avec leur supérieur, parmi elles 11 % ont fini par l'épouser. Toutes considérations hiérarchiques mises à part, trois femmes sur quatre affirment avoir flirté avec un collègue de travail et 28 % avoir concrétisé ces travaux d'approche par une relation sexuelle… Au bureau ? Quant aux américaines interrogées par *Playboy*, deux tiers d'entre elles prétendaient avoir eu des relations sexuelles sur leur lieu de travail. Elles affirmaient préférer faire l'amour directement sur leur bureau tandis que les hommes semblaient préférer un fauteuil ou une chaise. Autant dire qu'il faut être prêts à cette éventualité. Dans un bureau, c'est encore le bureau lui-même qui se prête le plus à une activité sexuelle.
Cette position pendant laquelle Mademoiselle est particulièrement passive, même si elle peut onduler ou tendre plus ou moins les fesses en se dressant sur la

pointe des pieds ou en prenant appui sur une chaise. Simple et efficace, voilà également une posture adaptée aussi bien à une sodomie langoureuse qu'à une chevauchée frénétique. C'est Monsieur qui le plus souvent organisera le jeu, il prendra les fesses de Mademoiselle à pleines mains et pourra jouer à sa guise avec elles, cette position permettant aussi bien de se livrer à une ébauche de fessée qu'à un petit postillon[1] terriblement excitant.

1. Faire postillon : pénétrer et branler l'anus de son partenaire d'un petit doigt amical.

La prière du matin

MADEMOISELLE EST ALLONGÉE SUR LE CÔTÉ SUR UN LIT OU UN DIVAN BAS. MONSIEUR, À GENOUX SUR LE SOL, SE GLISSE DERRIÈRE ELLE ET LA PÉNÈTRE SANS AUTRE FORME DE PROCÈS.

L'heure de la sieste

Une sieste, un moment de repos, quelques minutes à passer dans un salon désert… Cette position, qui met en présence une jeune femme apparemment endormie et un jeune homme bien réveillé, trouvera sa place dans tous les jeux érotiques et les scénarios ayant pour thème « *il m'a prise par surprise, profitant d'un instant d'abandon…* »

Le bréviaire de l'amour arabe, *le Jardin parfumé*, considérait cette position comme particulièrement adaptée aux femmes enceintes désirant jouir confortablement. « *Si par suite de grossesse la femme a un gros ventre, il faut que l'homme la couche sur un de ses côtés, puis que, plaçant les cuisses de la femme l'une au-dessus de l'autre, il les lui relève toutes deux vers le ventre, sans qu'elles viennent y toucher ; il se place alors derrière elle, sur le même côté, de manière à l'emboîter, son membre faisant face à la vulve. Il peut ainsi introduire sa verge tout entière, surtout s'il fait remonter celui de ses pieds qui se trouve au-dessus de la jambe de la femme jusque sur la cuisse de celle-ci. Cette méthode peut être également mise en pratique avec une femme qui n'est pas enceinte, mais elle a été spécialement imaginée pour la femme dans cette position parce qu'elle a l'avantage de lui assurer des plaisirs sans dangers.* »

Cette position permet aussi de se livrer à une sodomie délicate. Mademoiselle est quasiment condamnée à la passivité. Le plaisir vient en particulier de l'angle de pénétration « perpendiculaire » du sexe de Monsieur, qui offre quelques sensations inédites, même si à la longue l'envie de se déplacer vous prendra. Monsieur, s'il est assez vigoureux, peut soulever et déplacer le corps de Mademoiselle pendant le rapport et jouer avec elle en lui donnant les postures les plus appropriées à son plaisir.

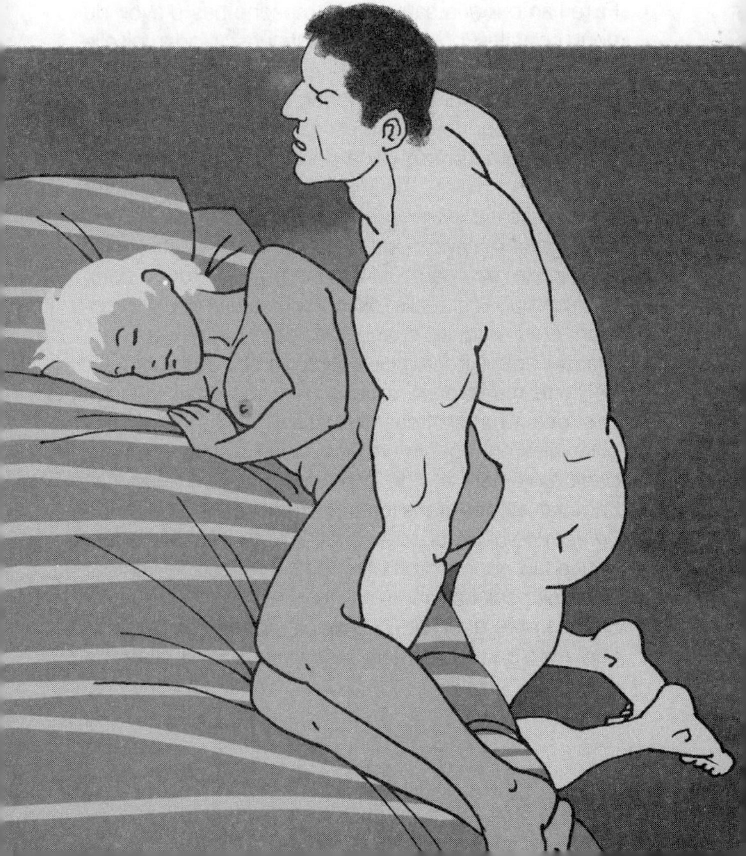

Entre deux portes

CAMPEZ-VOUS BIEN SUR LE SOL ET CONTRE LE MUR, CHER MONSIEUR, PRENEZ MADEMOISELLE PAR LES HANCHES ET AIDEZ-LA À SE MOUVOIR. ET VOUS, MADEMOISELLE, SOYEZ SOUPLE ET EFFICACE. CETTE POSITION PERMET DE NE PAS CRAINDRE L'ARRIVÉE D'IMPORTUNS.

Faire l'amour à la sauvette n'empêche pas d'avoir du goût pour les positions acrobatiques. Mademoiselle est en quasi-suspension au-dessus de Monsieur. Elle va et vient sur lui en s'agrippant à ses épaules et en prenant appui, lorsque c'est possible, sur le sol ou contre le chambranle de la porte. Nous avons représenté ce couple nu, mais cette position est également envisageable par une jeune femme ayant relevé sa jupe et un garçon n'ayant eu qu'à ouvrir sa braguette.
Une porte est particulièrement pratique pour cette position qui n'est réalisable que grâce aux deux chambranles sur lesquels chacun des deux partenaires vient prendre appui. Il serait plus confortable de faire l'amour de cette manière dans un couloir très étroit, chacun des deux partenaires s'adossant sur un mur. Les cinéphiles ont encore en mémoire une scène de sexe particulièrement torride impliquant Valérie Kaprisky et Lambert Wilson dans cette position dans un couloir. *La Femme publique*, d'Andrzej Zulawski fit sans doute beaucoup pour la promotion de la pratique de l'amour dans les couloirs…
Outre votre goût pour l'exploit sportif, cette position met particulièrement à contribution la partie la

plus sensible du vagin de Mademoiselle, la zone de son point G qui est particulièrement sollicitée. C'est Mademoiselle qui sera la seule maîtresse du jeu, choisissant le rythme et la profondeur de la pénétration… ou de faire cesser cette pénible séance de gymnastique dès qu'elle sera fatiguée.

Le pouf

VOUS NE SAVIEZ PAS COMMENT VOUS SERVIR DE CET ÉNORME POUF RAPPORTÉ DU MAROC. LARGE, FERME, IDÉAL POUR S'ALLONGER À DEMI ET RECEVOIR UNE VISITE.

Confortablement assise

Voila bien l'archétype de la position suggérée par un objet au confort tentateur. Il y a quelque chose d'oriental et de lascif dans cette posture très esthétique.
Selon *le bréviaire de l'amour arabe*, « *étendue sur le dos, la femme se tient la tête de ses deux mains et ramène ses cuisses contre sa poitrine comme si elle était pliée en deux. L'homme l'enlace, l'étreint vigoureusement, la pénètre doucement et lentement, se retire, se remet en elle, grognant, geignant et frappant avec son sexe les lèvres de l'huis. Il reste à la surface du sexe de la femme sans jamais vraiment tenter les profondeurs, jusqu'à ce qu'il l'inonde de son sperme. De ce fait, la femme trouve un plaisir sans égal. C'est le nayk à l'égyptienne* ». Nous ne sommes pas obligés évidemment de « *rester à la surface du sexe...* ». Car cette position permet également des pénétrations très profondes.
Pour Ovidie, dans son guide intitulé *Osez découvrir le point G*, c'est l'une des positions idéales pour stimuler le point G. « *Votre partenaire,* précise-t-elle, *doit être sur ses genoux, droit, complètement redressé, et former un angle droit avec vous. De cette manière, son sexe doit appuyer sur votre point G. Pliez vos jambes et rapprochez vos genoux jusqu'à ce qu'ils soient au niveau de vos épaules. Si vous n'êtes pas*

assez souple, laissez votre partenaire placer vos chevilles sur ses épaules. Caressez-vous le clitoris. » Avec les pieds posés sur la poitrine de son partenaire, Mademoiselle pourra décider du rythme des pénétrations. Pour varier les plaisirs, elle pourra dresser ses jambes et les poser sur les épaules de son ami qui alors redeviendra maître du jeu.

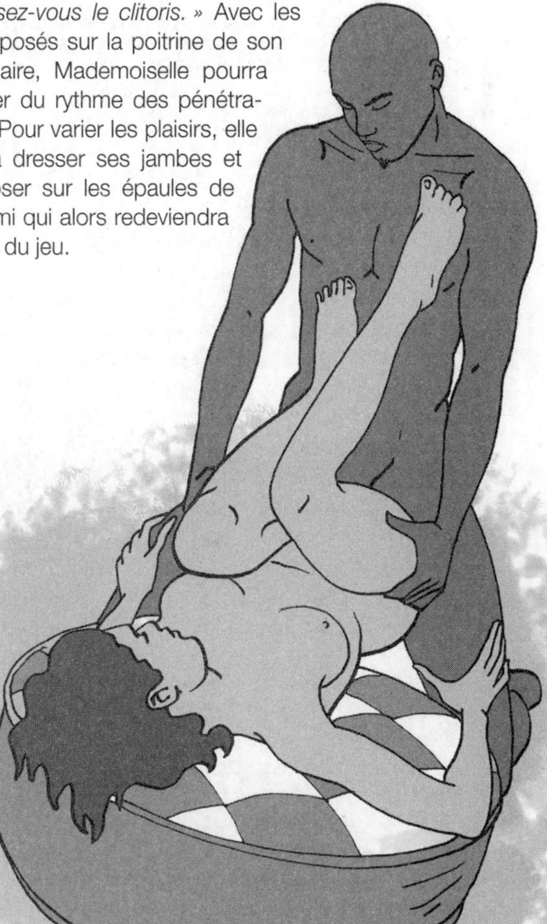

2. la gourmandise

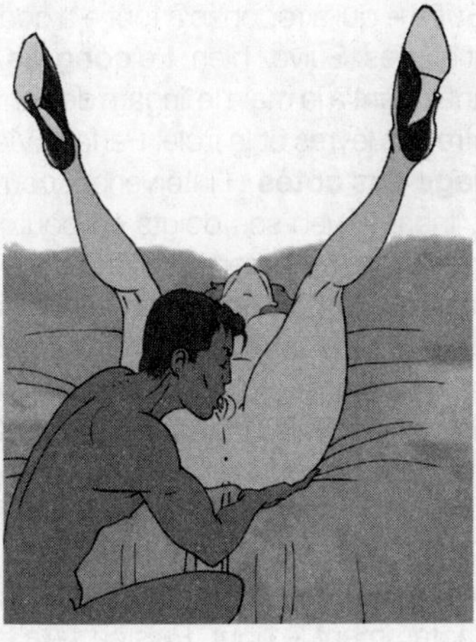

Fellation, cunnilinctus et autres pratiques gourmandes

Peut-on rester gourmet lorsqu'on est gourmand ? Laissez-vous dévorer par la faim qui vous hante, jetez-vous sur le dessert qui vous est si gentiment proposé, mais prenez bien le temps de le déguster, et si vous n'êtes pas rassasiés, n'hésitez pas à vous faire resservir. La gourmandise est un péché, mais certainement pas un « vilain défaut ». Qui se plaindrait de vous savoir gourmande, Mademoiselle, lorsqu'on vous voit dévorer aussi goulûment la virilité de votre ami, et vous, cher Monsieur, personne ne s'est jamais plaint de votre manière de déguster la douceur des filles. Fellation et cunnilinctus sont des pratiques aussi simples que délicieuses, encore faut-il être confortablement installés pour en profiter et s'y livrer.

Le Kama Sutra – qui a réponse à tout – a codifié la fellation en huit étapes. Suivez bien. **Le congrès nominal :** l'intervenant tenant à la main le lingam de son partenaire le pose entre ses lèvres et le frôle. Parfait ! Vient ensuite **le mordillage des côtés :** l'intervenant couvre l'extrémité dudit lingam avec ses doigts en bouton de fleur, et exerce des pressions latérales avec ses lèvres et ses dents… **La pression extérieure :** l'intervenant presse l'extrémité du lingam entre ses lèvres serrées et aspire doucement. Amusant ! Puis **la pression intérieure :** l'intervenant introduit le lingam plus avant dans sa bouche, le presse, le sort et le rattrape. Vient ensuite **le baiser :** l'intervenant prend le lingam dans sa main et le couvre de baisers comme s'il embrassait sa propre lèvre inférieure. Puis **le polissage :** l'intervenant lèche le lingam, notamment le bout. Puis ce sera **la succion**

de la mangue : l'intervenant enfonce à demi le lingam dans sa bouche et le suce. Il ne vous restera plus que **l'absorption :** l'intervenant enfouit le lingam jusqu'à la racine et fait comme s'il voulait l'avaler.

Quand au cunnilinctus, le livre sacré de l'érotisme en donne également quelques définitions imagées qui sont autant de bons conseils et d'étapes du parcours vers la jouissance féminine. **Adhara-sphuritam** (le baiser du crabe) : avec un doigté délicat, l'homme pince les douces lèvres féminines doucement l'une contre l'autre, en les embrassant. **Jihva-bhramanaka** (l'exploreuse) : l'homme la pénètre avec douceur, avec son nez en laissant sa langue découvrir le vagin. **Jihva-mardita** (la masseuse) : l'homme laisse sa langue durant un moment aux abords de l'intérieur avant de continuer son travail en profondeur. **Chushita** (la cuillère à café) : l'homme fait des mouvements beaucoup plus rapides avec sa langue en lui donnant des baisers profonds, et en suçant ardemment son clitoris. **Uchchushita** (la cuillère à soupe) : formant une coupole avec sa langue, il recueille avec des mouvements rotatifs le délicieux nectar qui s'échappe de l'orifice.
Mais dans quelles positions se livrer aux plaisirs de la gourmandise ?

Les chiffres clés

69 ? QUEL CHIFFRE BANAL... MAIS QU'ELLE EST DOUCE LA POSITION QU'IL INCARNE, CELLE OÙ LES CORPS S'EMMÊLENT EN UN PLAISIR SIMULTANÉ.

L'incomparable 69

« Voici la manœuvre à faire pour l'exécution », raconte *La Science pratique des filles du monde*, un manuel érotique révolutionnaire. *« L'homme se couche sur le dos, la femme se place sur lui, de manière que son con soit à la hauteur de la bouche et que le vit touche à la sienne. Alors l'amant met la langue dans le con, et chatouille le clitoris ; la nymphe suce la pine et caresse le prépuce avec la sienne. Ils peuvent encore, l'un et l'autre, se donner le postillon, une amie complaisante peut avoir un petit paquet de jonc ou de roseau et frapper légèrement sur la croupe et les fesses de la femme, il lui est même permis de se branler et le trio déchargera en communauté. »* Nous n'avions pas prévu de troisième larron, c'est une bonne idée.

Voilà bien une position universelle, qui peut satisfaire aussi bien un couple hétérosexuel qu'un couple gay ou lesbien. La corpulence des deux partenaires entre évidemment en ligne de compte. Mademoiselle, lorsqu'elle est « dessus » – ce qui est le cas la plupart du temps –, est la maîtresse du jeu. Elle se trouve dans la position idéale pour offrir à Monsieur la fellation dont il rêve, doublée d'une caresse des testicules et de l'anus, voire d'une exploration de celui-ci à la recherche du point G masculin. Elle peut également donner

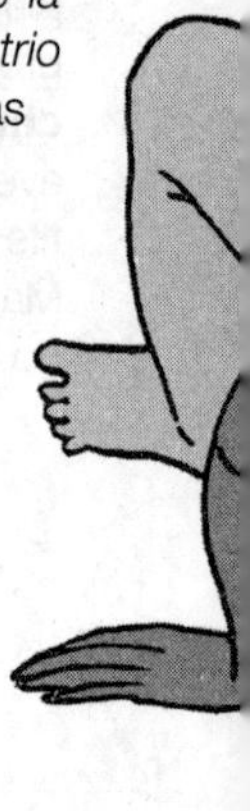

libre cours à son exhibitionnisme en ondulant des fesses. En tortillant du bassin elle peut imposer elle-même le rythme des caresses de Monsieur.
Quel plaisir ? Partagé évidemment. La fellation et le cunnilinctus peuvent être combinés avec des caresses en tous genres. Mais le plaisir sera décuplé si chacun des deux partenaire agit à son tour plutôt que simultanément. L'attente de la caresse à venir donnant plus d'ardeur à celui qui agit…
Il existe de nombreuses variantes des positions du 69. La plus reposante consiste pour les deux amants à se coucher sur le côté de manière à ce qu'aucun des deux ne soit écrasé par son partenaire. La version la plus acrobatique – le 69 vertical – met une jeune fille frêle la tête en bas, le corps « accroché » aux épaules de Monsieur par les cuisses.

La margelle du puits

JAMBES RELEVÉES, VOUS LUI OFFREZ VOTRE SEXE GRAND OUVERT, COMME LA VASQUE D'UNE FONTAINE DONT IL VIENDRAIT LAPER L'EAU FRAÎCHE, ET D'AILLEURS IL VOUS DÉGUSTE, ET COMME IL EST BIEN ÉLEVÉ ET SERVIABLE, IL VOUS SOUTIENT LES FESSES. IL NE VEUT PAS QUE VOUS SOYEZ TROP FATIGUÉE POUR CE QUI SE PASSERA ENSUITE.

L'offrande acrobatique

C'est une position favorisant l'abandon de Mademoiselle, car, malgré les apparences, elle se laisse totalement aller. Elle se cambre, elle prend appui sur ses épaules et la nuque, mais c'est bien Monsieur qui la tient dans cette position en lui maintenant fermement les fesses. Mademoiselle peut également enserrer le cou de son amant entre ses cuisses.
Monsieur va laper le sexe de Mademoiselle. *Le Bréviaire des amours*, désignait le cunni sous le joli nom de *descente au Lac d'amour*. Il faut en suivre les étapes, même dans cette position acrobatique. L'amant jouera tous les rôles. Le Picotement : « *Allonger, appointir et durcir la langue travailleuse, en donner de petits coups secs et précipités autour du bouton pour l'allumer, le faire raidir et sortir de sa retraite…* » Puis il jouera à la Sangsue : « *Prendre le bouton entre ses lèvres, le happer en aspirant longuement, tout en titillant la pointe du bout de la langue avec une extrême vivacité. Les flancs de la belle palpitent, ses yeux se convulsent, ses lèvres laissent échapper de mourants râles.* » L'orgasme est proche. L'amant devient alors une Sonde : « *Enfoncer alors la langue le plus profondément possible dans le con entrebâillé, bien doucement, puis*

remonter au bouton, qu'on titille du bout de la langue en allant de plus en plus vite... La mignonne jouit. »
Mais gardons le meilleur conseil pour la fin. Mademoiselle se pâme, mais il ne faut pas l'abandonner ainsi. Tenez-la encore bien ferme, malgré vos bras fatigués et vos reins en compote. Voici le Coup de balai, le vocabulaire de notre ami est un peu trivial mais précis : *« On ramone alors, avec la langue largement épanouie, le con tout gluant de mouille de l'aimée, après quoi on la bécote tendrement sur les lèvres. La jolie gamahuchée est morte de plaisir... »*
Il est temps de laisser Mademoiselle s'alanguir doucement sur le sol. Pour elle, le plaisir sera parfait ! Même si le sang lui monte un peu à la tête, mais c'est bien le but.

Le siège

FAITES-VOUS LÉGÈRE MADEMOISELLE, FLOTTEZ SUR LE VISAGE DE VOTRE AMI QUI VOUS DÉVORE DU REGARD ET DE LA BOUCHE. PUIS, LORSQUE VOUS SEREZ RASSASIÉE DE PLAISIR, ASSEYEZ-VOUS SUR LUI.

Face sitting

Le *face sitting* est une pratique sadomasochiste qui a des milliers d'adeptes dans le monde. Il s'agit d'une position de domination féminine qui ne demande à la jeune femme qu'un seul talent : savoir s'asseoir… Mais pas n'importe où ! Sur le visage de son amant, sans trop se demander si cela lui permet encore de respirer. Il faut dire que Monsieur est consentant. Si on en juge au nombre d'acheteurs de DVD montrant cette pratique, cela doit être agréable.

Dans le cadre d'une sexualité plus détendue, cette position assise permet à une femme de bonne humeur de bénéficier d'un cunnilinctus de longue durée, elle seule pouvant décider de l'interrompre en se relevant. Mademoiselle peut se mouvoir en prenant appui sur les genoux, décidant à son rythme d'éloigner ou d'approcher son sexe du visage et de la langue de Monsieur. Elle peut aussi « décider de la cible » que Monsieur visera, offrant tantôt son sexe et tantôt son anus aux caresses. Les plus sportives pourront prendre plutôt appui sur leurs pieds et monter ou descendre vers le visage de l'amant.

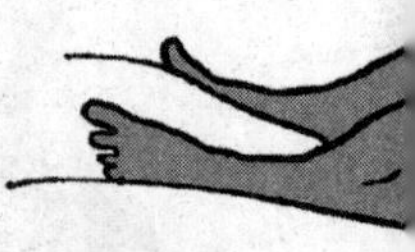

Pour Mademoiselle, le plaisir sera parfait. Cette position lui permet de se servir du visage tout entier de son amant

en se masturbant littéralement sur lui, frottant l'intérieur de ses cuisses contre ses joues ou ses oreilles, jouant évidemment avec le nez et la langue, voire le menton ou le front de Monsieur… qui a intérêt à avoir quelque expérience en matière de plongée en apnée.
Si elle n'est pas trop égoïste, Mademoiselle peut évidemment caresser le sexe de Monsieur. Voilà d'ailleurs une position idéale – bien assise – pour le branler langoureusement.

Se donner de la joie

SOYEZ GOURMANDE, OFFREZ-VOUS TOUT LE PLAISIR QUE VOTRE CORPS RÉCLAME. CARESSEZ-VOUS, FAITES COMME SI MONSIEUR N'ÉTAIT PAS LÀ,... ET SI PAR HASARD IL ARRIVAIT, CONTINUEZ, IL APPRÉCIERA.

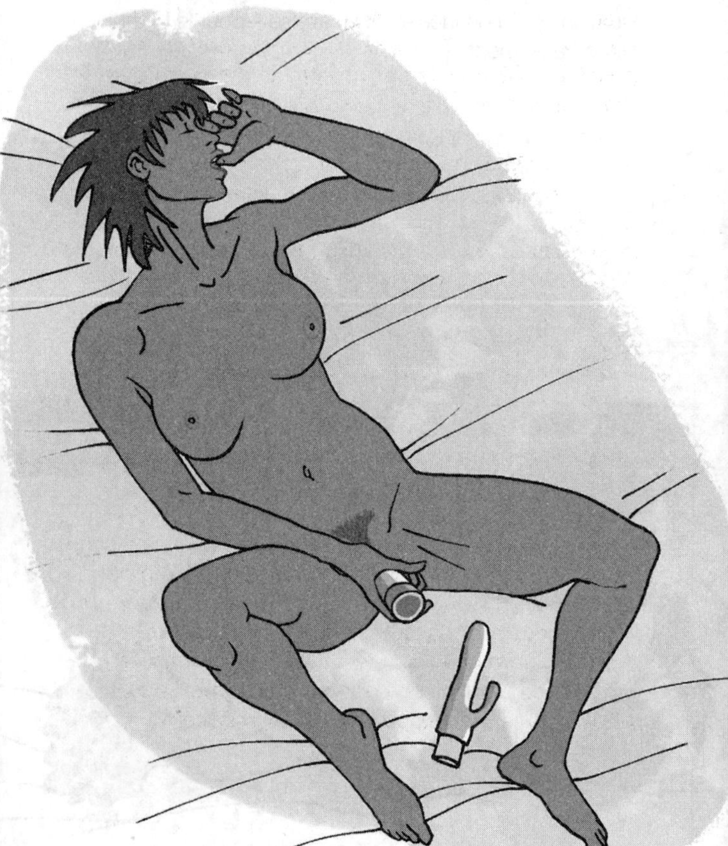

Olisbos, vibro, gode et autres petits canards

Désormais, il est de bon ton pour une jeune fille bien élevée d'avoir une demi-douzaine de sextoys de toutes tailles et de toutes couleurs dans sa table de nuit. C'est évidemment votre cas. Il va falloir que vous choisissiez celui qui correspond le mieux à vos désirs.

D'après notre amie Ovidie, dans son guide *Osez découvrir le point G*, *« il existe des sextoys qui vous pénètrent vaginalement et vibrent sur votre clitoris en même temps, de manière à vous procurer un double plaisir. Une partie longue et phallique fait une rotation à l'intérieur de votre vagin, ce qui exerce une pression sur votre point G. Des petites billes tournent de manière à vous masser et vous faire prendre conscience de toute votre sensibilité interne. Une petite tige reste à l'extérieur et vibre sur votre clitoris. Ces sextoys, à l'aide du plaisir clitoridien qu'ils vous procurent, auront pour avantage de vous faire découvrir simultanément la possibilité de jouir tout en étant pénétrée. »*

Si vous êtes rétive à l'usage d'objets mécaniques, vous pouvez avoir recours à des manières plus « naturelles » de procéder. Avec un foulard vous pouvez nouer un bel olisbos de bois doux à votre cheville, le gland tourné face à votre sexe, et, comme les jolies nonnes des couvents bouddhistes, en vous pénétrant « de la cheville », vous pourrez vous donner du plaisir en choisissant le rythme des mouvements de l'objet…

Mais si vous avez l'esprit plus enfantin, peut-être préférerez-vous le célèbre petit canard vibrant, destiné à barboter dans votre bain en votre compagnie. Il est très efficace, joli et discret, comme un jouet amical.

La dégustation

VOUS ÊTES DEBOUT, TRÈS PENCHÉE EN AVANT, VOUS AVEZ FAIT LE VIDE EN VOUS... ET UN HOMME VOUS LÈCHE ! CETTE POSITION EST BIEN INDISCRÈTE, CAR ELLE RÉVÈLE DES TRÉSORS QUE VOUS AURIEZ PRÉFÉRÉ CACHER.

Feuille de rose

Quelle horreur, mais c'est qu'il s'y prend bien le bougre, il s'est installé confortablement ! Monsieur est assis en tailleur ou sur un matelas bas. Vous lui offrez vos fesses. Un homme vous embrasse, vous lèche, vous caresse du bout des doigts, vous pénètre de la langue… Mais ne se trompe-t-il pas de cible ? Qu'importe ! Mademoiselle ne pense à rien d'autre qu'à son plaisir. Monsieur confortablement assis va se livrer sur vous à ce que vous n'osiez désirer, une délicieuse « feuille de rose », l'anulingus des dictionnaires de sexologie.
« Le sexe anal met en branle des zones très intimes », affirme Erik Rémès, un spécialiste, dans son Sexe Guide. *« Il allie le goût, les odeurs et les sentiments. […] On commence donc par léchouiller, embrasser l'entrecuisse, caresser, effleurer ! Lorsque votre partenaire est bien chaud, qu'il ou elle commence à gémir, voire à hurler, vous gifler et vous griffer, il est temps de passer aux choses sérieuses. […] La langue devient alors une sorte de pénis miniature, beaucoup plus agile et mobile que ce machin un peu raide. La bouche et la langue pouvant créer des sensations avec lesquelles rien d'autre ne rivalise. »*
Cette position est « unisexe », hétéro et homosexuelle, tout le monde peut en profiter… La suite de cet exercice va de soi. Monsieur se relève, se tient debout

derrière vous, et se glisse dans l'orifice qu'il a si bien contribué à rendre accessible…

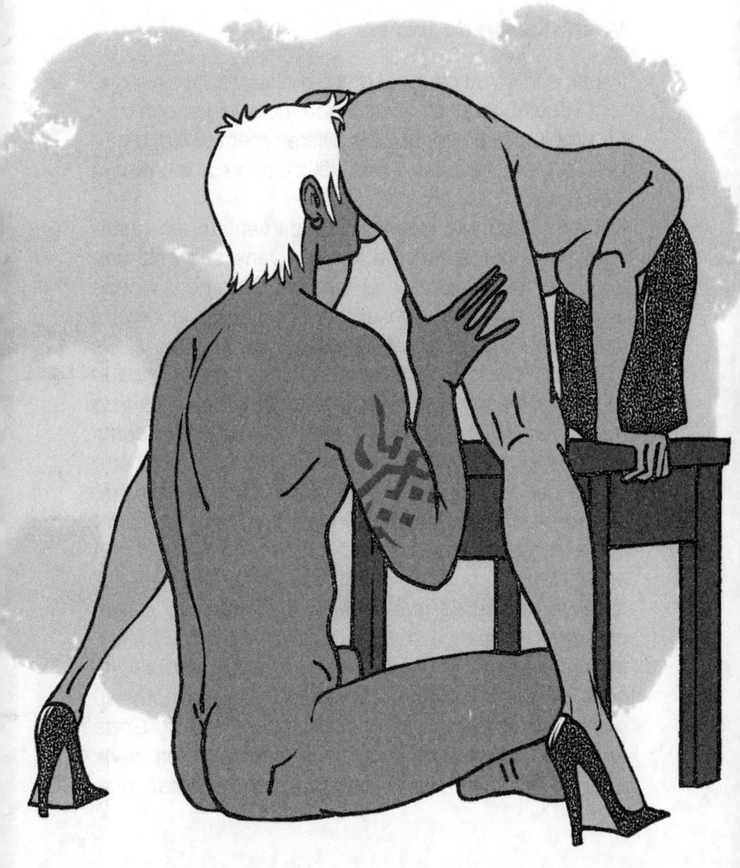

La perpendiculaire

UNE JEUNE FILLE SUCE UN GARÇON ALLONGÉ SUR LE DOS EN ÉTANT ELLE-MÊME ALLONGÉE SUR LE VENTRE PERPENDICULAIREMENT AU MONSIEUR,... OU COMMENT TRANSFORMER UNE « SIMPLE » FELLATION EN EXERCICE DE STYLE.

Une fellation de travers

Il suffit parfois de changer d'angle d'approche pour que tout vous apparaisse sous un jour nouveau et que tous les problèmes soient résolus différemment… Ainsi cette bonne vieille fellation. Aviez-vous songé à la prendre « de travers » ?

Pourtant, certains exercices fondamentaux ne changent pas pour autant de nature. Dans son best-seller, *Osez tout savoir sur la fellation*, Dino nous donne quelques précieux conseils. *« La succion du gland constitue l'image emblématique de la fellation. Nous avons dit combien il fallait se garder d'un pompage tout bête, néanmoins nous ne saurions non plus trop recommander de savoir en user en jouant de toutes les variations possibles. La succion, en effet, peut être variée dans son rythme mais aussi dans sa manière, notamment dans la "résistance" que l'on y apporte. Par exemple, Mademoiselle peut prendre le gland tout entier dans sa bouche, pincer ses lèvres sous la couronne puis tirer sa tête en arrière de manière à faire glisser tout entier ce chapeau entre ses lèvres ainsi fortement serrées. Sitôt parvenue au méat, elle relâche alors sa pression et recommence, allant à nouveau placer ses lèvres sous la couronne du gland. Cette technique peut être également pratiquée en sens inverse, les lèvres se pinçant du côté du méat, puis poussant et forçant pour faire glisser le chapeau dans leur cercle avant de se relâcher. »*

Dans la fellation « perpendiculaire », il en est de même, mais Monsieur a un angle de vue radicalement différent sur le travail de Mademoiselle, dont il peut caresser un sein, une hanche et les fesses, tandis que Mademoiselle peut également s'amuser à offrir à Monsieur des mouvement « rotatifs » qu'une autre position ne lui aurait pas suggéré. Bref, c'est un peu pareil, mais complètement différent, et c'est ça qui est bon !

Le repas de nichons

LE BORD DU LIT EST ACCUEILLANT. MADEMOISELLE FAITES-VOUS DÉVORER LES SEINS ! DONNEZ-LES À DÉGUSTER À VOTRE AMANT, OFFREZ-LES D'UNE MAIN, CARESSEZ-LES DE L'AUTRE… ET QUE VOTRE PETIT CUL N'OUBLIE PAS DE BOUGER EN CADENCE.

Mangez mes seins !

« *J'aurais voulu pouvoir embrasser ses seins. Je n'osais pas le lui demander, pensant qu'elle saurait les offrir elle-même, comme ses lèvres* », songeait le héros du *Diable au corps* de Raymond Radiguet. Voilà une position idéale pour que Monsieur déguste les deux jolis seins de Mademoiselle. Il doit avoir le haut du corps soutenu par des coussins de manière à présenter son visage à la bonne hauteur, le plus près possible de sa cible. Mademoiselle sera la maîtresse absolue du jeu, offrant sa poitrine comme elle le désire, et chevauchant surtout Monsieur selon son bon plaisir.

C'est une bonne idée pour les deux partenaires, car, comme l'affirme la sexologue Catherine Solano : « *La stimulation sur les seins, surtout au niveau des mamelons, est très excitante si elle est bien faite : pas trop douce, mais pas trop brutale non plus. Elle entraîne une importante réaction de la région sexuelle : une lubrification réflexe signe d'une forte excitation. Elle facilite aussi l'accès à l'orgasme.* » Le *Tao de l'art d'aimer* précise : « *Chez quantité de femmes, la stimulation de ces deux tendres bourgeons de chair par le baiser, l'aspiration ou la caresse provoque*

une sensation de volupté au niveau de la vulve qui se traduit par une lubrification abondante du vagin. Aussi étrange que cela paraisse, les dimensions et la beauté des seins d'une femme n'ont rien à voir avec le degré de plaisir qu'elle ressent lorsqu'on les lui embrasse... »
Et si vous avez véritablement besoin d'un prétexte pour vous faire « manger les seins », dites-vous que c'est pour votre bien. La stimulation des zones érogènes des mamelons produit une hormone, l'ocytocine, qui diminuerait les risques de cancer du sein. Vite, un petit traitement !

3. l'orgueil

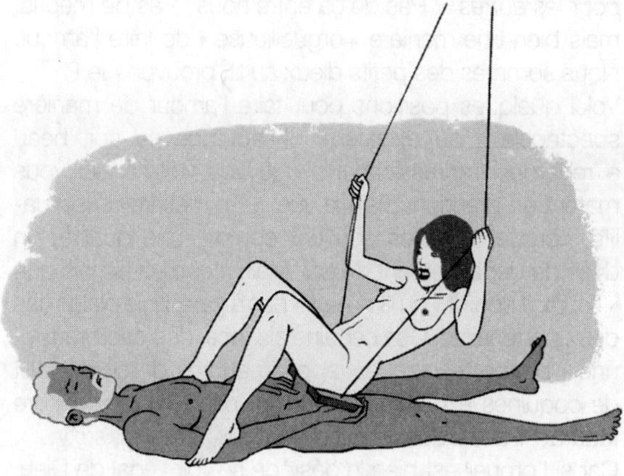

L'exploit sexuel

La *Bible* nous apprend que Satan, jaloux du bonheur de nos premiers parents, s'est approché d'eux dans le paradis terrestre, dans le but hypocrite de les détourner de Dieu. Il fit miroiter à leurs yeux la possibilité de devenir les égaux de Dieu, s'ils consentaient à manger du fruit de l'arbre de la science du bien et du mal. En les trompant, il réussit à les entraîner dans sa « révolte orgueilleuse ».
Et comment se manifesta cet orgueil ? Vous le savez bien, Adam et Ève découvrirent l'amour, ils croquèrent la pomme, sous les regards attentifs et brûlants de Lilith qui leur proposa aussitôt une petite partie de triolisme… Saint Thomas d'Aquin définit l'orgueil comme une *« estime exagérée de soi-même, qui s'accompagne de mépris pour les autres »*. Pas de ça entre nous ! Pas de mépris, mais bien une manière « orgueilleuse » de faire l'amour. Nous sommes des petits dieux au lit, prouvons-le !
Voici quelques positions pour faire l'amour de manière spectaculaire ou excessive. Il faut que ce soit beau à regarder, impressionnant, que vos voisins qui vous matent en prennent plein la vue… En matière de sexualité, l'orgueil apparaît souvent comme une qualité, un désir de dépassement de soi. Mais n'oubliez jamais que « l'exploit sportif » au lit ne suffit pas à garantir le plaisir des deux partenaires. Une certaine aisance, des pectoraux et une « bonne technique » apprise auprès de coquins et de coquines expert(e) s ne suffira pas toujours, encore faudra-t-il aussi que vous soyez doux, attentifs, sexy…
Car si l'orgueil est bien le désir de se voir l'égal de Dieu, nous avons plutôt choisi de ressembler à Éros, Bacchus, Vénus, et autres petits dieux luxurieux.

Le dernier tango à Paris

VOUS RESSEMBLEZ À MARLON BRANDO, VOUS AVEZ LA SOMPTUEUSE POITRINE DE MARIA SCHNEIDER… VOUS AVEZ TOUJOURS FANTASMÉ SUR LES SCÈNES CHAUDES DU DERNIER TANGO À PARIS. VRAIMENT ! VOUS ALLEZ ESSAYER DE FAIRE L'AMOUR À LEUR MANIÈRE, ALORS MÊME QUE VOS CORPS PEUVENT À PEINE SE MOUVOIR.

Le double lotus

Vous avez réussi à glisser le sexe de Monsieur dans le vagin en émoi de Mademoiselle. Monsieur vous sentez les seins de votre maîtresse palpiter contre votre poitrine. Mademoiselle vous venez de découvrir que vous pouvez caresser les hanches de Monsieur et qu'il vous pénètre bien plus profondément que vous ne l'espériez… C'est parfait mais… Vous voilà enlacés, imbriqués, mais comment bouger ?
Faisons appel aux anciens. Dans *Les Quarante Manières de foutre*, manuel d'érotisme du siècle des Lumières, nous trouvons la description d'une position instable qui ressemble étonnamment à celle de Marlon et Maria : « *La fille et son fouteur s'assoient sur un lit, vis-à-vis l'un de l'autre, entremêlent leurs jambes ; puis ils rapprochent leurs corps jusqu'à ce qu'ils se touchent d'assez près pour que le vit puisse entrer dans le con ; alors ils se prennent par les deux mains, se soulèvent avec précaution, et se laissent tomber alternativement l'un sur l'autre, et se relèvent de même. La durée de ce mouvement périodique dépend de celle de l'érection : quand la cheville manque, tout doit se séparer.* » Se balancer, voilà la solution. Contrairement

à ce qu'affirmaient les deux amants du *Dernier tango à Paris*, ce n'est pas « simplement en se regardant » que vous allez jouir, mais grâce à ce petit mouvement de balancement.
Votre plaisir sera aléatoire, mais amusant.
Cette position n'est qu'une étape de votre parcours amoureux. Vous pouvez, Mademoiselle, basculer sur le dos doucement. Monsieur, sans vous quitter, se couchera sur vous tandis que vos jambes continueront à enlacer ses reins.

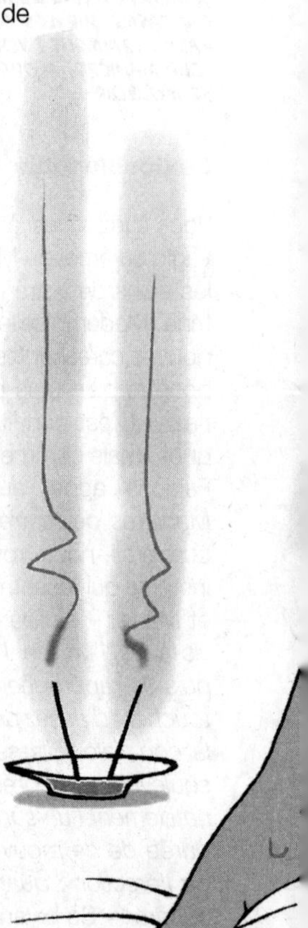

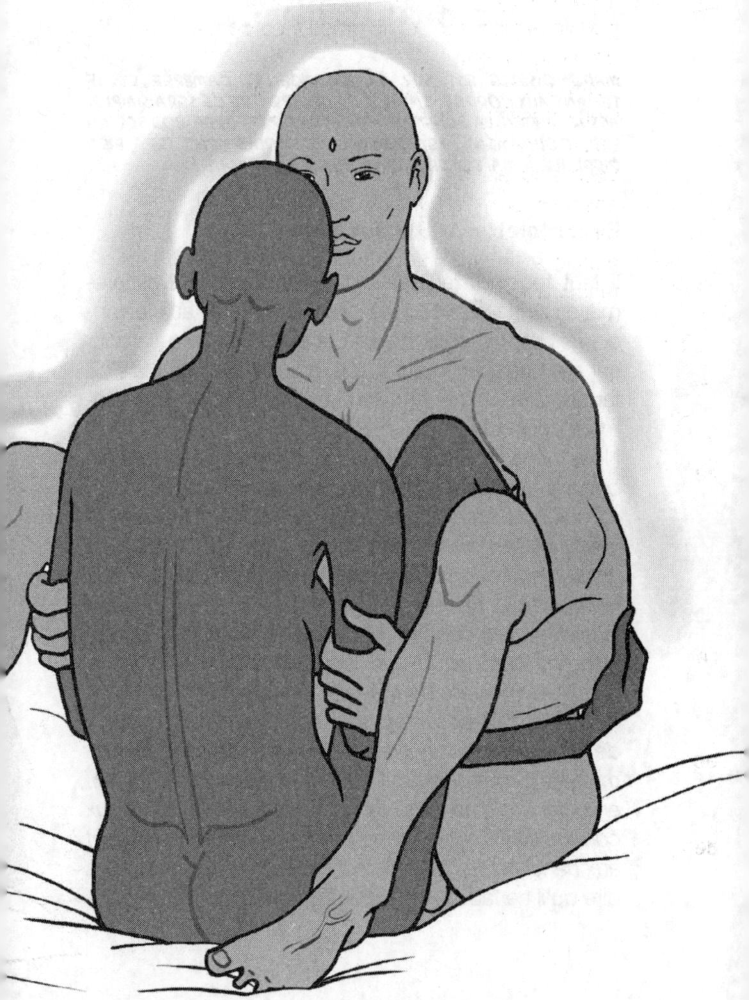

Une demoiselle sur une balançoire...

MADEMOISELLE EST SUR SA BALANCELLE, CAMBRÉE ET SE TENANT AUX CORDES. INUTILE DE CROIRE QUE CE SERA SIMPLE. ASSUREZ BIEN LA PÉNÉTRATION AVANT D'ESPÉRER BOUGER UN PEU, DOUCEMENT, LENTEMENT... LE MOUVEMENT SERA BIEN DIFFICILE À MAÎTRISER, MAIS VOUS L'AUREZ FAIT !

Escarpolettes et balancelles

Il faut toujours réaliser ses rêves d'enfant. Vos premières images érotiques sont associées aux balançoires, depuis vous désirez absolument faire l'amour sur cet objet, qui vous a déjà procuré tant de plaisir. Il faut le faire, même si cela relève de l'exploit, et justement pour cela.

Nous vous le disions déjà dans notre indispensable ouvrage *Osez faire l'amour partout sauf dans un lit* : *« Pour faire l'amour, la balançoire est un instrument idéal. Mademoiselle assise, empoignant fermement les deux cordes suspendant l'engin, remonte les deux jambes et pose les pieds sur la planche en ouvrant largement les cuisses. Monsieur, debout face à elle, la prend sans effort. Un léger balancement s'ensuivra. Mademoiselle peut également se pencher très en arrière jusqu'à poser les deux chevilles sur les épaules de Monsieur, qui la prendra en la balançant. Mademoiselle peut également se tenir à genoux sur l'engin, empoignant une fois de plus solidement les deux cordes. Monsieur la prend par-derrière en la saisissant aux hanches. Le balancement fera le reste. »* Il va sans dire qu'il ne faut pas donner trop d'amplitude au mou-

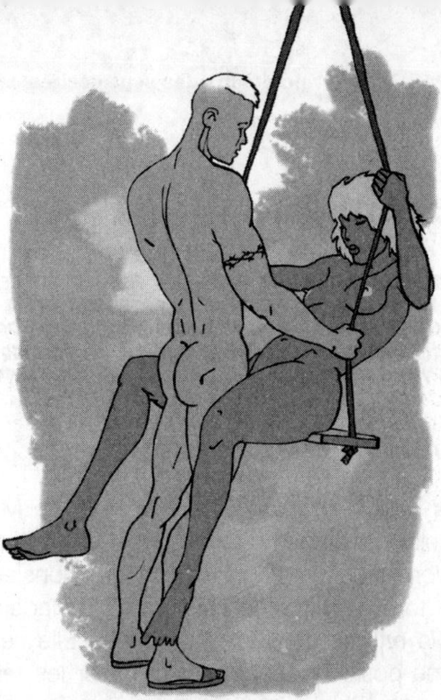

vement, pour ne pas courir le risque de « déconner », comme disaient nos ancêtres.
« La balancelle offre quasiment les mêmes avantages que la balançoire, un indéniable confort en plus. Les deux amants peuvent y faire l'amour dans quasiment toutes les positions possibles dans un lit, avec de surcroît les sensations offertes par le balancement. »
Les Paradis charnels, manuel d'érotologie, décrit précisément le plaisir que vous retirerez de tous ces balancements : *« On lance alors cette escarpolette originale en pointant son vit chaque fois que le con s'avance vers lui. On embroche habilement et en vigueur. Après quelque temps de cet exercice, le foutre est prêt à jaillir… Alors, on se cramponne après sa baiseuse qu'on inonde de brûlante décharge. »*. Impossible d'être plus précis.

L'offrande

MADEMOISELLE OFFRE SES FESSES AU REGARD DE MONSIEUR. COMME VOUS DEVEZ ÊTRE FIÈRE DE VOTRE CUL POUR L'EXPOSER AINSI ! MAIS SACHEZ QUE LE PÉCHÉ D'ORGUEIL PEUT ÊTRE PUNI. CROYEZ VOUS QUE MONSIEUR VA CONTINUER LONGTEMPS À VOUS RESPECTER SI VOUS VOUS EXPOSEZ AINSI ?

Avez-vous vu mes superbes fesses ?

Le plus difficile sera de glisser le sexe de Monsieur dans celui de Mademoiselle qui se présentera pour l'occasion sous un angle inhabituel. Monsieur sera un peu tordu, mais s'en plaindra-t-il ? Mademoiselle choisit le rythme de son mouvement. Elle se trouve dans une position idéale pour caresser les testicules de Monsieur. Celui-ci ne risque pas inactif.

Cette position permet en effet à Monsieur de se livrer à une variante d'un petit jeu que, dans *Les Paradis charnels*, on nommait *La double fouterie…* « *Durant que l'amant encule sa belle* », disait ce docte livre, « *tout en lui branlant le sein et le boutonneau durci, celle-ci se fourre dans le con un godemiché approprié comme grosseur à sa divine ouverture* ». La position dans laquelle Mademoiselle offre ses fesses permet d'arriver au même résultat, mais en changeant l'ordre de préséance des opérations. Tandis que vous pénétrez vaginalement Mademoiselle qui ondule sur votre sexe, vous pouvez la sodomiser doucement avec un gode fin et

doux. Mais Monsieur aura-t-il eu la présence d'esprit de prévoir cet objet ? À moins qu'il ne se contente de glisser deux doigts bien lubrifiés dans votre petit anus, cherchant le contact avec son propre sexe, qui va et vient dans la cavité voisine… Vous allez tous les deux vous mouvoir lentement, jambes emmêlées, sexes complices…

Les Paradis charnels, sous-titré le *Divin bréviaire des Amants*, ne s'encombrait pas de fioritures pour décrire le plaisir de Mademoiselle. « *Elle est ainsi bourrée des deux côtés et ressent un plaisir infini de se savoir remplie toute. Cela s'appelle "baiser en con et en cul" ou "faire coup double" ou encore "pratiquer la double fouterie". Gavroche dénomme ce jeu, celui de la "fourche en viande". Pour les libertins lettrés, c'est l'"Y grec modern style" !* »

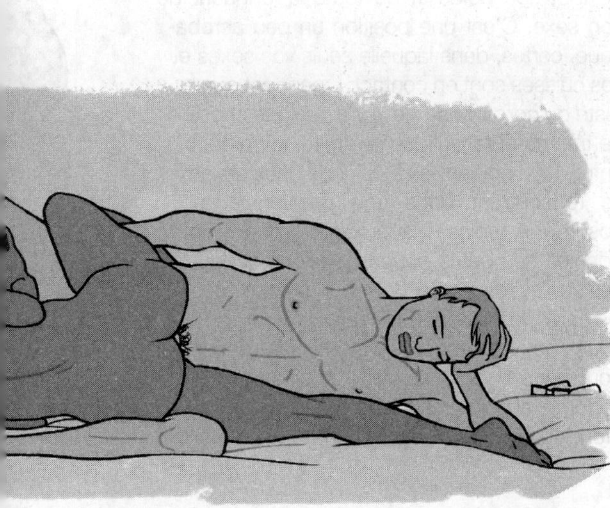

La visite des catacombes

MADEMOISELLE, SOYEZ SOUPLE ET CONSENTANTE, VOS HEURES DE GYM VONT ENFIN SERVIR À QUELQUE CHOSE, ET OFFREZ BIEN LE BON AXE ! MONSIEUR VOUS ALLEZ DEVOIR JOUER DES MUSCLES ! VOTRE SEXE VA ADORER CETTE TENSION INDUITE PAR L'ANGLE ÉTRANGE DE LA PÉNÉTRATION.

Cul par-dessus tête

Mademoiselle devra adopter une position un peu humiliante, mais quasiment confortable, qu'elle stabilisera en plaquant ses bras au sol. Il va sans dire que cet exercice sera plus facile si vous êtes souple. Monsieur, dont les abdos vont être sollicités, peut aussi bien se faire aérien que pénétrer sa compagne de tout son poids et de toute la longueur de son sexe. C'est une position un peu acrobatique, certes, dans laquelle seuls vos sexes et vos cuisses sont en contact… pendant que le reste du corps vit sa vie. Il y a quelque chose de très cérébral à l'idée de limiter le contact entre deux épidermes à celui de deux sexes se rencontrant dans une position aussi absurde. À moins, Mademoiselle, que vous donniez des petits coups de talons cadencés sur les fesses de Monsieur, ou que vous les caressiez du bout de l'orteil…

Vous pouvez encore pimenter la chose pour vous livrer dans cette position à une sodomie aussi acrobatique que distrayante. Monsieur profitera alors d'une vue impre-

nable sur sa « cible », tandis que Mademoiselle pourra participer aux opérations en donnant à son bassin un mouvement de balancier.
Mais il est beaucoup plus probable que vous ne teniez pas la distance… Monsieur pourra alors se laisser doucement basculer sur le côté, de manière à s'allonger sur le flanc tout en continuant d'aller et venir entre les fesses de Mademoiselle, qui n'aura qu'à reposer ses jambes par-dessus le corps de Monsieur.

Ruer dans les brancards

MONSIEUR EST BIEN ASSIS, SEXE DRESSÉ, MADEMOISELLE S'ASSIED SUR LE PÉNIS TENDU, ET PREND SON PLAISIR COMME BON LUI SEMBLE, TENANT BIEN FERMEMENT ENTRE SES BRAS LES JAMBES RELEVÉES DE MONSIEUR QUI N'A RIEN D'AUTRE À FAIRE QUE DE NE PAS TOMBER.

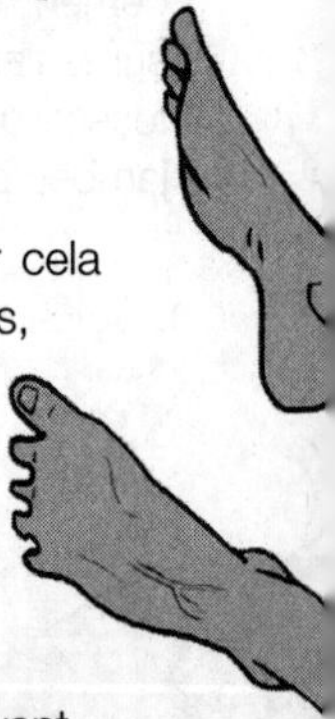

L'attelage amoureux

C'est compliqué, mais c'est justement pour cela que vous le faites ! Il ne sera pas dit que vous, le Roi et la Reine du sexe, vous allez vous laisser impressionner par cette position un peu acrobatique. Et comme vous aimez vraiment l'exploit – on n'est pas orgueilleux sans conséquences –, vous choisirez de jouer à cela dans la cour de votre fermette, quasi nus au soleil, les pieds du tabouret rayant les pavés du sol à chaque spasme de Mademoiselle tandis que Monsieur sent peu à peu la trace du paillage tressé s'incruster à jamais dans ses fesses. Car voilà bien une position rustique, qui évoque on ne sait quoi de champêtre, Mademoiselle devenant un petit animal de trait, ahanant et piaffant entre des brancards de chair. La métaphore chevaline n'a jamais fait peur aux auteurs grivois, les femmes « chevauchent » leurs amants, le coït était comparé à « la poste » – la distance séparant deux relais – tandis le *Kama Sutra* se penchait sur les positions « de la jument ».

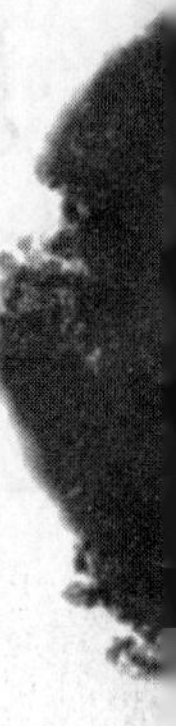

Monsieur n'a guère de choses à faire : rester fermement assis et tout aussi fermement en érection. Quand Mademoiselle se lassera, elle laissera retomber les jambes de Monsieur sur le sol qui lui empoignera alors fermement les fesses et la fera aller et venir sur son sexe. Monsieur sera tout à la fois la carriole et le cocher de cet attelage de chair.

Tiens bon la barre !

IL VOUS FAUDRA UNE COLONNE, LE MONTANT D'UN LIT À BALDAQUIN, OU MIEUX ENCORE LA BARRE D'EXHIBITION D'UNE STRIP-TEASEUSE OU D'UNE BOÎTE ÉCHANGISTE... TENEZ-VOUS BIEN FERMEMENT L'UN L'AUTRE.

Exhibition

Vous avez toujours rêvé de danser nue et de tournoyer autour de l'une de ces barres de métal chromé qui trônent dans les cabarets et les boîtes échangistes (vous n'y êtes jamais allée, mais on vous a raconté). Les strip-teaseuses mettent ainsi leurs appas en valeur ! Pourquoi pas nous, une barre vite ! Ce n'est pas pour rien que ce genre d'objet est associé à l'exhibition. Mademoiselle pourra s'y agripper de multiples manières, parfois à deux mains, parfois en se penchant très en avant, parfois en se tenant quasiment droite. C'est alors que son point G sera le plus sollicité et cajolé, qu'elle en profite. Mademoiselle, écartez bien les jambes, ouvrez bien vos fesses à Monsieur qui aura peut-être un peu mal aux reins si Mademoiselle est trop petite…
Cet objet et cette position permettent également de vous mettre en position idéale pour une sodomie en apesanteur. Vous pouvez même vous livrer à un petit jeu que le *Bréviaire de l'amour arabe* conseillait dans cette position. « *Tu me pénètres et quand tu te retires, incline-toi un peu. Avec ta queue, bats-moi les fesses en cadence et fiche-la avec force. Certains appellent cette figure le batteur, d'autres préfèrent la nommer le spécial baudet.* » Vous alternerez alors sodomie ou pénétration profonde et petites claques sur les fesses.

Pour vous, Monsieur, le spectacle de votre sexe entrant et sortant de son écrin sera particulièrement excitant. Vous vouliez vous la jouer pornostars ? Voilà qui est fait. Votre petit orgueil est satisfait.

Ne t'occupe de rien chéri

MADEMOISELLE MARCHE SUR LES MAINS OU RESTE IMMOBILE TANDIS QUE MONSIEUR LUI TENANT FERMEMENT LES CUISSES VA ET VIENT EN ELLE. LES PLUS ACROBATES D'ENTRE VOUS POURRONS JOUER AU JARDINIER ET SA BROUETTE.

La célèbre brouette japonaise

Il fait beau, l'air de la campagne est vivifiant. L'heure est à la fantaisie rurale. Mademoiselle, pour cela, doit être un peu musclée et se tenir fermement sur ses bras. Si vous êtes en bonne condition physique, Mademoiselle, vous pouvez avancer ou reculer, vous laisser mollir ou vous tenir fermement… N'hésitez pas à bien serrer vos mollets et vos chevilles de part et d'autre de la poitrine de Monsieur ou derrière ses fesses. Vous y arriverez bien, vous êtes orgueilleuse et forte ! C'est évidemment Monsieur qui sera la plupart du temps le maître du jeu en jouant avec vos cuisses et vos fesses.
Voilà bien l'une des positions les plus en vogue dans la littérature libertine du XVIIIe. En ces temps rustiques, la plupart des positions étaient associées à des images campagnardes. Cette figure s'appelait donc la brouette : « *Quand la femme a les deux mains par terre, les fesses en l'air, et que l'homme tient ses deux cuisses sous ses bras, lui met le vit au con, la faisant marcher à mesure qu'il la pousse du cul* », pouvait-on lire dans *La Putain errante*, en 1760.
Mais pourquoi ne pas aller jusqu'au bout ? Les manuels d'érotologie proposaient une position autrement plus spectaculaire : « *Quand l'homme étant nu et debout, tient les deux jambes de la femme à ses côtés, la faisant aller et venir tout étendue, tenant une*

roue entre les mains, et l'enconnant dans cette position, cela s'appelle foutre en brouette. »

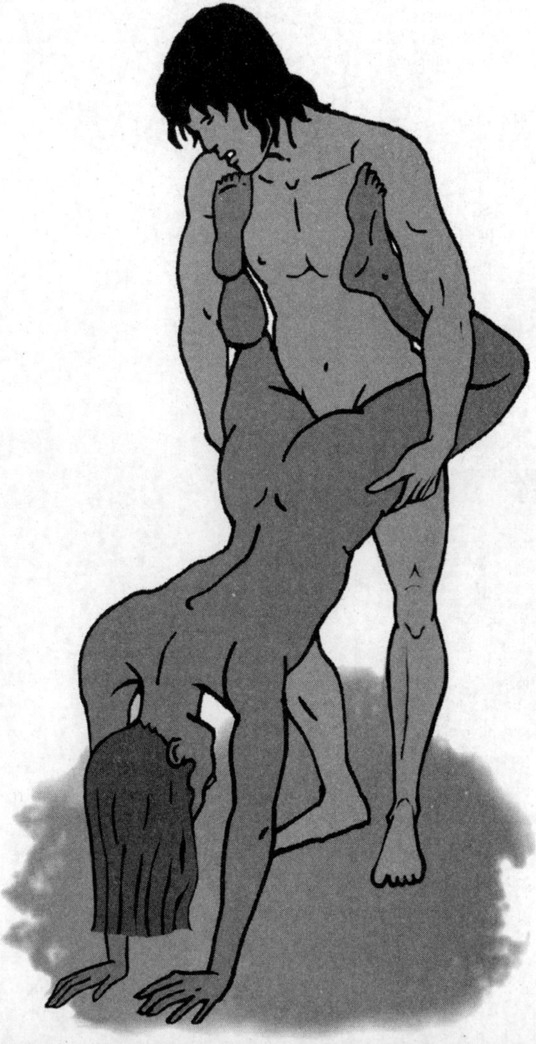

4. l'avarice

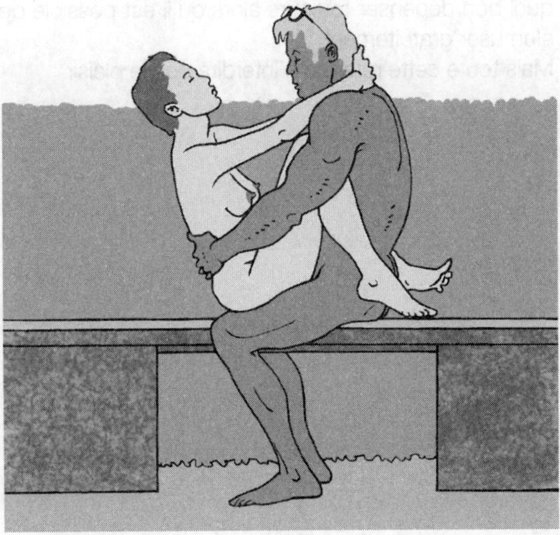

Ne gaspillons pas notre talent

Ne gaspillons pas notre talent au lit plus qu'ailleurs.
Il faut parfois cesser de dépenser, voire de se dépenser.
Les circonstances imposent un peu de retenue : pas un mouvement de trop, pas une minute de plus, pas un geste excessif. Cette « avarice » pourra se doubler d'un certain égoïsme de la part de l'un ou l'autre des partenaires, l'un se démenant et l'autre se la coulant douce.
Ne gaspillons pas notre temps, faire l'amour ne doit pas vous empêcher de songer aux choses sérieuses. Ne gaspillons pas nos émotions ou notre imagination… N'investissons pas de folles sommes dans des meubles ou des vêtements sophistiqués, soyons avares de tout. Et même un peu de notre argent, car à quoi bon dépenser toujours alors qu'il est possible de s'amuser gratuitement ?
Mais toute cette retenue n'interdira pas le plaisir.

Ne gaspillons pas notre temps !

ALLONGEZ-VOUS À L'OMBRE MON AMI, JE VAIS M'OCCUPER DE TOUT... MADEMOISELLE ENSERREZ BIEN LA CUISSE DE VOTRE AMANT PENDANT QUE VOUS ALLEZ ET VENEZ SUR LUI... MAIS FAITES VITE, VOUS N'AVEZ GUÈRE DE TEMPS.

Faire le mur

Quelle position idéale pour une étreinte aussi rapide que satisfaisante, et de surcroît un peu sophistiquée. Il suffit Mademoiselle que vous glissiez votre jambe entre les cuisses de Monsieur pour que l'angle de pénétration de cette banale « cavalière » soit légèrement modifié. Voilà une position simple idéale pour toutes sortes de jeux. Dans son ouvrage *Les Paradis charnels*, un certain docteur A.-S. Lagail donnait quelques idées de variantes. « *Le galant se couche sur un matelas, le pied droit à terre, et s'assied sur sa jambe gauche repliée sous sa cuisse. Sa belle vient alors se placer sur lui, le genou gauche relevé et la jambe droite étendue. Il lui pelote les fesses, la postillonne, et tous deux baisent ainsi comme des anges déchaînés.* »
Quand à notre amie Ovidie dans *Osez découvrir le point G*, elle nous ouvrait de très agréable perspective de variantes. « *Vous êtes à califourchon sur votre partenaire. Contrairement à une cavalière classique, mettez-vous accroupie, les pieds à plat sur le lit. Vous vous appuierez plus tard sur vos pieds pour monter et descendre. Une fois empalée, penchez-vous en arrière, mains posées derrière vous, de part et d'autre des jambes de votre partenaire. Basculez votre bassin*

vers l'avant de manière à ce que le gland ne cogne pas au fond de votre vagin mais sur votre point G. Poussez sur vos pieds pour procéder au mouvement de va-et-vient. Libérez une main pour vous caresser le clitoris. »
Cette position, Mademoiselle vous donnera l'impression de dominer le monde. Il fait beau, vous êtes belle.

Ne gaspillons pas nos regards !

MADEMOISELLE, C'EST ENCORE À VOUS DE JOUER. VOTRE PETITE BROUILLE N'EST PAS ENCORE ACHEVÉE, VOUS PERSISTEZ À TOURNER LE DOS À VOTRE AMANT. MONSIEUR NE PEUT QUASIMENT RIEN POUR VOUS ET D'AILLEURS IL EST PRÉFÉRABLE QU'IL NE SE MÊLE DE RIEN DANS UN PREMIER TEMPS.

L'indifférente

Monsieur n'aura rien d'autre à faire que de contempler vos fesses, votre cul divin aller et venir sur son sexe dressé, sans le toucher… et lorsqu'il sentira que votre plaisir arrive, il devra vous empoigner le cul et accompagner vos mouvements, en les accélérant, en vous plaquant contre son ventre, il faut que ça claque, que ça sue… Dans son roman Une nuit d'orgies à Saint-Pierre Martinique, Effe Geache raconte la scène à laquelle vous livrer dans une langue imagée et fleurie : « *Elle accepta toutes mes propositions. Je commençai par me coucher sur le dos, bien bandé ; je la fis asseoir sur moi en introduisant ma pine dans sa patate et, s'appuyant sur ses deux mains, elle devait mouver beaucoup*

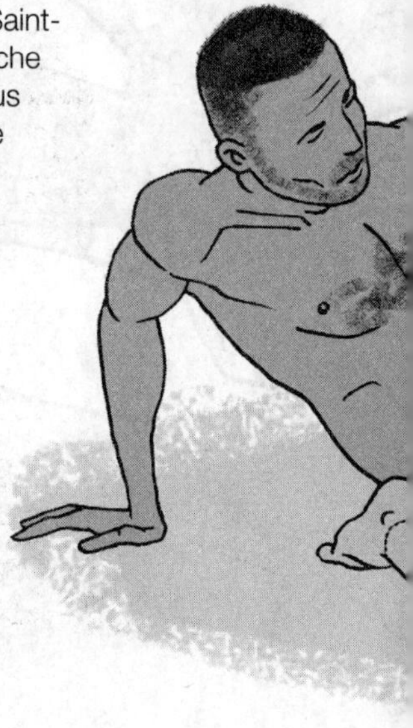

pour activer le plaisir. Quand elle était en pleine éjaculation, je la couchai sur moi en continuant de lui passer la mèche. » Pour Monsieur, le plaisir particulier de cette position sera lié à la tension de son pénis, malmené par cette position l'obligeant à adopter un angle fort peu naturel.

Cette position est également particulièrement propice à un petit postillon inquisiteur. Un doigt, puis deux vont se glisser dans votre petit cul, Mademoiselle. Monsieur pourrait même jouer à vous caresser l'anus avec un petit vibro… Mademoiselle pourra se relever aux approches de l'extase, Monsieur l'empoignant aux hanches et accompagnant ses mouvements de plus en plus amples.

Ne gaspillons pas notre imagination !

POURQUOI SE FATIGUER SANS CESSE À TENTER DE DÉCOUVRIR DE NOUVELLES POSTURES INCONNUES DU KAMA SUTRA ET DES GUIDES ÉROTIQUES ? UNE SIMPLE PETITE VARIANTE DU BON VIEUX MISSIONNAIRE SUFFIRA SANS DOUTE À VOUS FAIRE DÉCOUVRIR DE NOUVEAUX HORIZONS ÉROTIQUES.

Le missionnaire dévergondé

Un des auteurs des *Bréviaires de l'amour arabe* affirme : « *La position que la femme aime par-dessus tout au moment des rapports consiste en ceci : la femme s'allonge sur son dos et l'homme se met au-dessus d'elle. Mais elle garde la tête inclinée vers le bas. Il soulève son bassin grâce à un oreiller et frotte l'extérieur du sexe de sa femme avec le bout de son propre sexe. Ensuite, il fait ce qu'il veut.* » Les positions

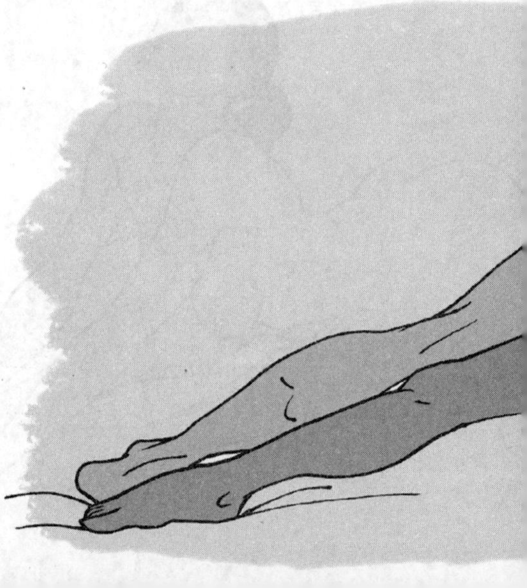

les plus simples en apparence ne sont pas les moins agréables. Gardons en mémoire cette histoire d'oreiller. Pour l'instant Mademoiselle, contentez-vous de lever l'une de vos jambes. Cela demande de la souplesse. Quand à vous Monsieur, glissez vos jambes de part et d'autres de celles de votre amie. Le contact sera intime, vous irez bien loin en ce corps, Mademoiselle, apprêtez-vous à être visitée en profondeur. Vos deux pubis vont se découvrir une nouvelle intimité, un peu de sueur partagée, vos poils qui s'emmêlent… Les anciens connaissaient évidemment ce jeu. « *La femme, couchée sur le dos, tend une de ses jambes et replie l'autre. Lui, appuyant sa poitrine sur la jambe pliée, la possède. Ensuite, elle fait la même chose avec l'autre jambe.* » Le *Kama Sutra* appelait cette simple figure « Demi pression », *Ardhapîdita*.

Rien de plus simple, pourquoi gaspiller son talent ?

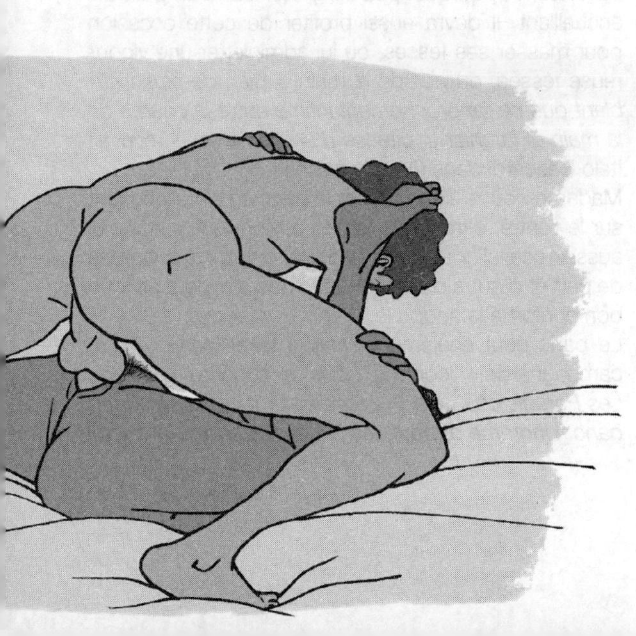

Ne gaspillons pas trop d'argent !

SONGEZ QU'IL EXISTE DEPUIS TOUJOURS - DES MEUBLES SPÉCIALEMENT CONÇUS POUR FAIRE L'AMOUR ! POURQUOI PAS, MAIS POURQUOI DÉPENSER SON ARGENT POUR L'ACHAT DE CES MEUBLES SOPHISTIQUÉS OU DE GRANDS LITS, ALORS QUE CE VIEUX BANC SUFFIRA ?

Un simple banc

Il vous faudra un banc, simple, solide, pas trop large, lisse, car il serait dommage de gâcher ce bon moment en risquant une blessure. Mademoiselle s'y installe, largement offerte, allongée sur le côté, la jambe levée, le sexe béant, sans pudeur, indolente… Monsieur pourrait se tenir debout ou venir s'asseoir entre les cuisses ouvertes, et pourquoi pas se glisser dans un petit cul accueillant. Il devra aussi profiter de cette occasion pour masser ses fesses, ou lui administrer une vigoureuse fessée, du plat de la main. « *Rien de plus troublant que ce rapprochement intime entre la paume de la main et la chair capiteuse d'un derrière…* », écrivait Italo Baccardi dans *Osez la fessée*.
Madame pourra aussi utiliser le banc en s'y allongeant sur le ventre, offrant ses fesses à Monsieur, installé lui aussi en cavalier au-dessus d'elle, debout, les jambes de part et d'autre du banc. Cette position peut offrir un bon confort à la sodomie.
Le banc peut également servir à faire l'amour « à la campagnarde », comme nous le suggère l'ouvrage *Les Paradis charnels* : « *La belle étant couchée sur un banc. L'homme debout, les jambes écartées, à cheval*

sur le banc, frotte son vit bienheureusement dans la vallée douce formée entre les deux seins que rapproche le plus possible l'un de l'autre l'aimable experte baiseuse. »

Alors qu'attendons-nous pour filer au grenier et retrouver l'un de ces meubles aussi pratique qu'accueillant ?

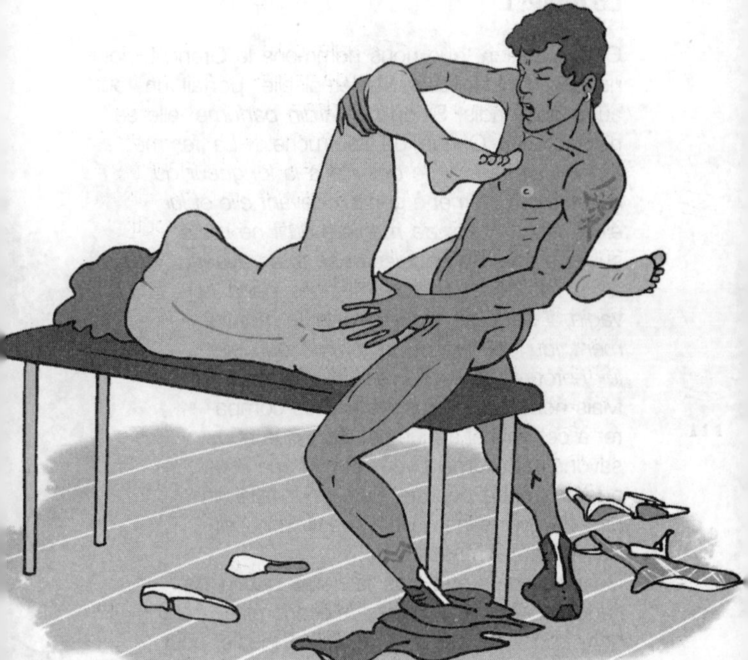

Ne gaspillons pas nos avantages

TRAVAILLER SES ABDOS ET SOULAGER SES JAMBES LOURDES TOUT EN JOUISSANT... VOUS Y CROYEZ, MADEMOISELLE ? MONSIEUR SOYEZ À LA HAUTEUR, ET NE PERDEZ PAS VOTRE TEMPS. NOUS FAISONS CELA POUR VOUS, À CONDITION QUE CELA SE PASSE VITE.

Le grand L

Cette position, que nous nommons le Grand L pour ne pas vous froisser Mademoiselle, portait un tout autre nom jadis. Selon *Le Jardin parfumé*, elle se nommait La Queue de l'autruche. « *La femme étant couchée sur le dos dans la longueur du lit, l'homme se met à genoux devant elle et lui élève les jambes, de manière qu'il ne reste sur le lit que ses épaules et sa tête ; ayant alors fait pénétrer son membre dans le vagin, il se saisit, pour donner le mouvement, du derrière de la femme qui, elle, lui entoure le cou avec ses jambes.* »
Mais nous nous refusons à vous comparer à cet animal à plumes, alors que nous savons parfaitement vous et moi que vous adoptez cette posture juste pour faire un peu de gym sans devoir investir un abonnement au Gymnase Club.
Ce n'est peut-être pas la seule raison de l'adopter, Monsieur aussi s'économise, car cette position serait – paraît-il – idéale pour les garçons ayant de « petits avan-

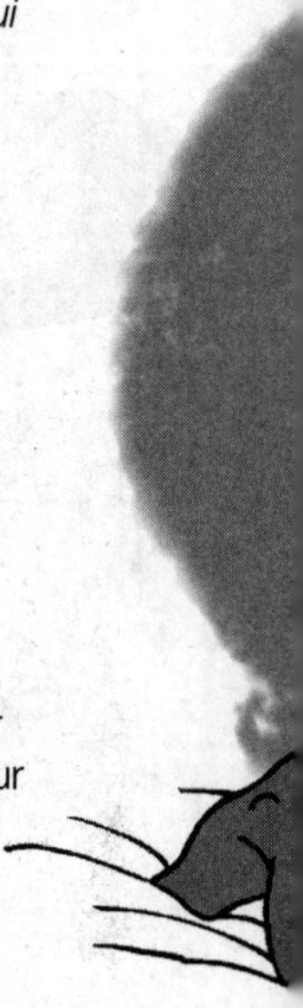

tages ». Un autre manuel d'érotologie affirmait en effet : *« Si ton membre est court, fais étendre la femme sur le dos, relève ses jambes en l'air, de manière que la droite soit près de son oreille droite, et la gauche près de son oreille gauche, et que, dans cette posture, ses fesses se relevant, sa vulve ressorte en avant. Introduis alors ton membre. »*

Ne gaspillons pas notre énergie !

FAIRE DU SPORT, RIEN DE TEL POUR GARDER LA FORME, MAIS POURQUOI NE PAS EN PROFITER POUR FAIRE DEUX CHOSES À LA FOIS. NE GASPILLONS PAS NOS FORCES SANS COMPENSATIONS.

Vive le sport !

Dans *Osez faire l'amour partout sauf dans un lit*, nous avions déjà inventorié les mérites des salles de sport. « *La plupart des instruments de torture présents dans les salles de gym ou de musculation peuvent être détournés à votre usage. Les barres parallèles permettent à Madame de se pendre en écartant largement les jambes, tandis que Monsieur se glisse ; les espaliers permettent de s'accrocher au mur dans toutes sortes de positions rigolotes, en tendant le cul, en dressant son sexe turgescent à des altitudes inattendues ; le cheval d'arçon se fera banquette ; les tapis de sol seront aussi confortables qu'un bon lit ; les instruments de musculation proposent également des banquettes confortables sur lesquelles Monsieur pourrait s'allonger tandis que Mademoiselle le chevauchera…* » Nous y voilà. C'est le moment de vérifier cette affirmation. Mais attention, notre ouvrage vous mettait en garde. « *Tout ! Tout est en place, tout est utilisable, à condition de faire l'amour avec le prof ou la prof de gym, ceux qui ont les clés, qui peuvent vous donner des cours particulier après le départ de la foule suante des abonnés.* »
Mademoiselle, votre professeur est

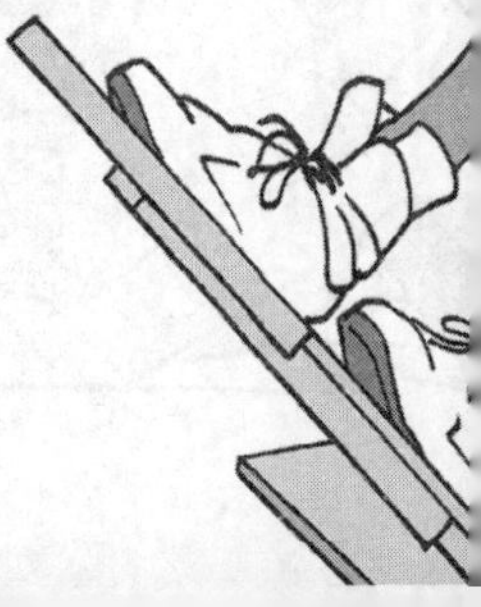

occupé, vous le voyez bien. C'est à vous de mener le jeu. Vous vous tenez fermement sur vos deux pieds de part et d'autre du corps de Monsieur. Profitez de sa relative immobilité pour lui dévorer les seins, mordillez-lui les tétons, flattez ses pectoraux, les sportifs adorent ça. Mais ne le troublez pas trop, il est toujours désagréable de recevoir une haltère sur le crâne.

N'en perdons pas une miette !

INSTALLEZ-VOUS DEVANT UN GRAND MIROIR. VOUS VOILÀ DANS UNE POSITION ASSEZ CLASSIQUE. MADEMOISELLE TEND SES PETITES FESSES VERS LE SEXE DRESSÉ DE MONSIEUR À GENOUX DERRIÈRE ELLE.

Miroir, mon beau miroir

« *Comme on voit bien ton sexe se glisser dans le mien* », dit Mademoiselle à Monsieur qui doit se tordre le cou pour apercevoir un bout du spectacle. Quitte à faire les choses en grand, autant en profiter. Vous voilà face à un joli couple faisant l'amour dans le miroir, il vous ressemble. Mademoiselle, vous allez vite découvrir à quel point vous avez de jolis seins que Monsieur caressera en vous embrassant dans le cou. Il tendra aussi la main vers votre clito qui se trouvera dans la position idéale pour qu'il le caresse en vous faisant l'amour. Vous pouvez aussi vous redresser jusqu'à ce que le sexe de Monsieur sorte et vous donne l'impression d'avoir un pénis dont vous caresserez le gland face au miroir…
Dans un tout autre ordre d'idée, cette position permet aux jeunes femmes enceintes de profiter des attentions de Monsieur. Le joli gros ventre de la future maman repose sur ses genoux, sans être compressé, tandis que Monsieur s'active entre ses fesses tendues.
Mais les deux circonstances peuvent se rejoindre, et Mademoiselle pourra rire de se trouver aussi belle enceinte, faisant l'amour avec un garçon qui lui caresse gentiment les seins.

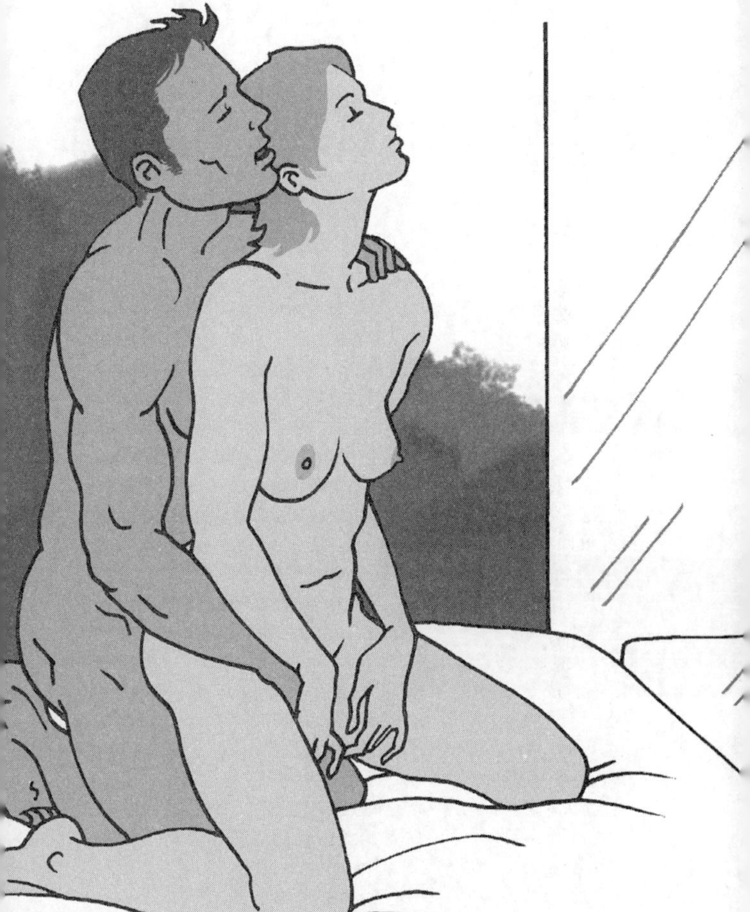

5. la colère

Alors, ça, chéri, tu vas me le payer !

Selon nos ancêtres les théologiens, la colère est une émotion simple qui traduit l'insatisfaction. Ce peut être le déclencheur de mauvaises actions, brutales, perverses, et pour finir, délicieuses. La vraie colère peut entraîner la violence, pas de ça chez nous !
En revanche, rien ne vous interdit de faire preuve d'énergie et d'initiative. Et de détourner un peu de cette colère vers des fins plus récréatives, donnez-vous le droit de râler, de vitupérer, de simuler la violence… Ne plus se contenir, se comporter comme une furie ou une brute ! Venger son orgueil blessé en faisant l'amour frénétiquement, voilà un beau programme !
Les positions de ce chapitre plein de bruit et de fureur sont adaptées aux amants soudain déchaînés, dévorés par le désir de se donner l'un à l'autre, dans une étreinte ayant souvent des allures de combat au corps à corps.

La porte ouverte

MONSIEUR, VOTRE AMIE EST OFFERTE, ALANGUIE, NONCHALANTE. C'EST LE MOMENT IDÉAL POUR LA SODOMISER – SANS LA PRÉVENIR, ÉVIDEMMENT ! VOUS PRÉVIENT-ELLE, LORSQU'ELLE VOUS REND LA PAREILLE ? MADEMOISELLE, NE FAITES RIEN, SUBISSEZ, PROFITEZ ! CAR CET ADORABLE NAÏF S'IMAGINE QU'IL EST EN TRAIN DE VOUS PUNIR.

Sodomie, mode d'emploi

Allons, allons, cessons de nous emporter ! Songeons plutôt à ce que tout se passe bien. Le petit cul de madame est fragile. Profitons de l'occasion pour faire le point sur la question. Dans *Osez les conseils d'un gay pour faire l'amour à un homme*, Erik Rémès nous donnait cet avis judicieux : *« Il est souvent nécessaire de se sentir en harmonie totale avec sa partenaire. La femme pourra se détendre dans un bon bain chaud et demander un massage relaxant du corps. Les muscles du sphincter ne laisseront passer facilement un sexe ou tout autre objet que si vous vous détendez et prenez votre temps. N'introduisez donc jamais trop rapidement votre sexe ou un godemiché. »*

« La taille du sexe et la forme du gland », poursuivait-il, *« influenceront le déroulement de la sodomie. Plus le pénis est gros, ferme et dur, plus le pénétrant devra faire preuve de patience et d'amour. L'intromission du gland est la partie la plus délicate. La personne pénétrée doit se relaxer et détendre son rectum. Le gland doit s'introduire très lentement. Elle peut elle-même s'empaler sur le phallus et régler ainsi la vitesse de pénétration. »*

Et parmi les positions idéales, Erik proposait justement celle-ci, le « chien de fusil » : les partenaires sont allongés sur le côté l'un contre l'autre. Cette position empêche le pénétrant d'aller trop rapidement, et permet le contrôle, par le passif, de la pénétration.

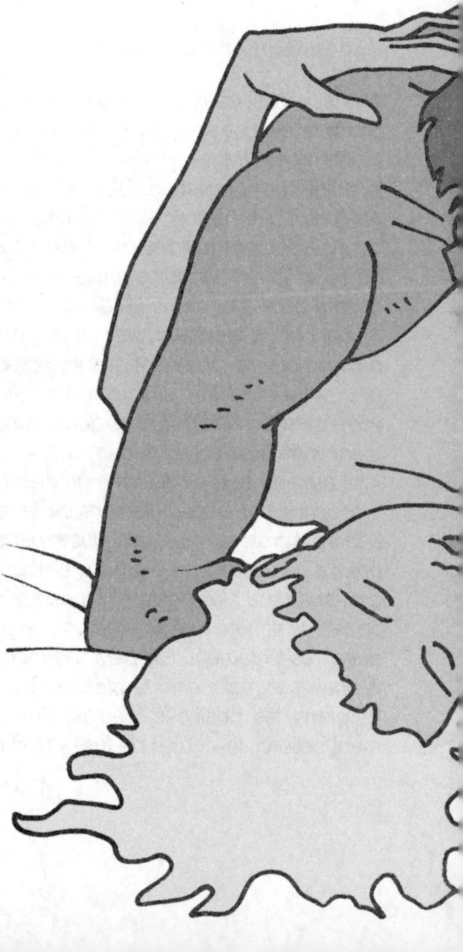

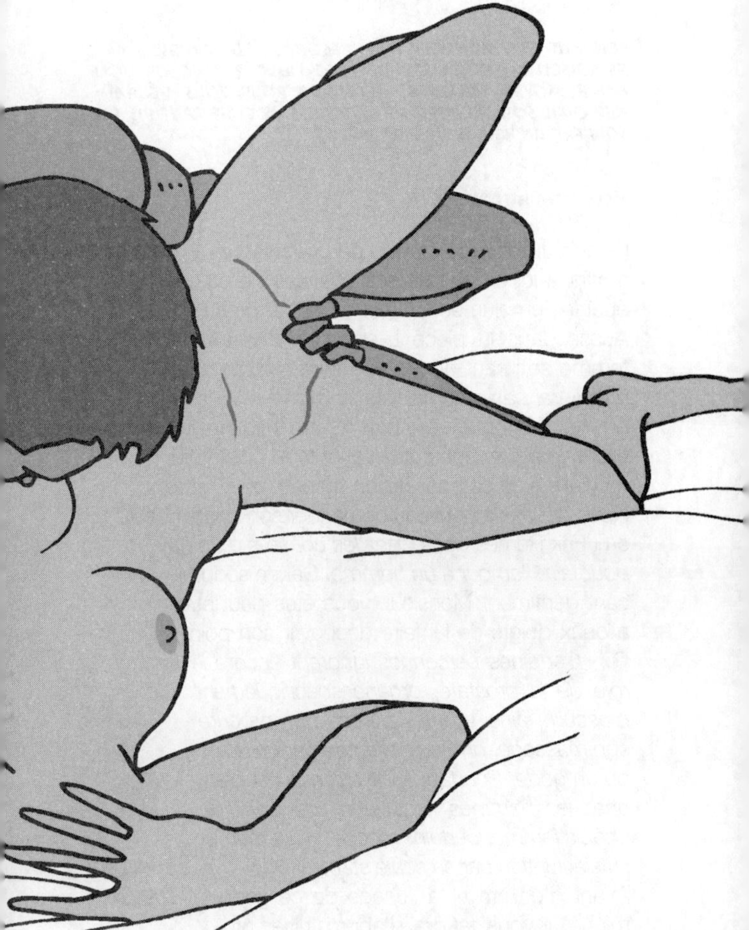

Gode, divin gode

PENDANT QUE MONSIEUR VOUS BESOGNE AVEC ARDEUR, MADEMOISELLE, SODOMISEZ-LE AVEC VIGUEUR AVEC CE JOLI GODE, SOYEZ DÉLICATE, ATTENDEZ POUR VOUS DÉCHAÎNER QU'IL SOIT AU BORD DE LA JOUISSANCE. ET TANT PIS S'IL SOUFFRE UN PEU, IL L'A BIEN MÉRITÉ.

Pris par surprise

Quand Jupiter abusa de Léda déguisé en cygne, elle s'offrit à lui en posant ses chevilles délicates sur ses épaules emplumées. C'est ce qu'on dit sur l'Olympe. Aussi, dans la pièce Lysistrata, d'Aristophane, une femme se jurant de ne plus faire l'amour, disait : « *Je n'élèverai pas mes pieds au plafond.* » Voilà donc une position remontant à la plus haute Antiquité. Mais nous allons apporter une petite variante à l'opération. Mademoiselle a en sa possession un petit objet vibrant. Nous devons à nouveau demander son avis à notre ami Erik Rémès dans *Osez les conseils d'un gay pour faire l'amour à un homme*. Car en sodomisant gentiment Monsieur, vous êtes peut-être à deux doigts de lui faire découvrir son point G. « *Certaines personnes ignorent encore le rôle de la prostate, organe spécifiquement masculin, ainsi que les délices que procure son massage, qu'il soit effectué par un doigt ou un gode. Pourtant, cette glande est bien chez les hommes l'équivalent du point G chez la femme. Certains mecs arrivant même à l'éjaculation par sa seule stimulation.* » Avant d'en arriver à l'usage de ce godemiché, il vous faudra d'abord initier pro-

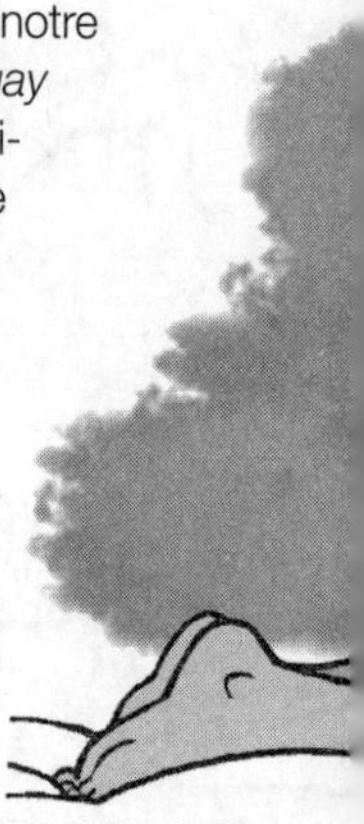

gressivement votre ami. « *Introduisez votre index généreusement lubrifié, l'extrémité pointant vers le haut en direction de la queue. Vous rencontrerez une petite excroissance : vous y êtes. Appuyez doucement dessus, restez attentif aux signes de votre amant. La sensation qu'il ressent est curieuse : mélangeant souvent douleur et plaisir, réflexe éjaculatoire ou urinaire. La nouveauté de ce plaisir est souvent déroutante ! Alors rassurez votre partenaire, prenez votre temps et soyez douce.* »
Après seulement, vous pourrez en venir à utiliser cet objet que vous aviez acheté pour l'humilier. Comme on peut se tromper…

L'arc et sa flèche

MADEMOISELLE, TENEZ-VOUS FERME, ET POUSSEZ BIEN VOS FESSES CONTRE CE PIEU TENDU VERS VOUS, ANIMEZ VOTRE CORPS, MONTEZ ET DESCENDEZ SUR LE VENTRE ET LES CUISSES DE VOTRE AMANT.

Sport en chambre

Vous ne supportez plus l'incroyable prétention de ce garçon (de cette fille), fou (folle) de son corps. Il faut que votre partenaire fasse une bonne fois pour toutes l'expérience d'une de ces étreintes en apesanteur, où chaque muscle est sollicité, où le plaisir est acquis à la sueur de son front et de ses abdominaux, où l'accord entre les deux partenaires doit être total, physique autant que sensuel et amoureux... Bref, une de ces positions qui vous fatiguent autant qu'elles vous donnent de plaisir. Et tant pis si votre partenaire se révèle pitoyable, c'est bien fait pour lui, ça fait justement des semaines qu'il vous épuise, c'est bien son tour.
Mademoiselle, Monsieur vous tient solidement par les avant-bras, vous êtes en tension sur les jambes, votre sexe et votre bassin vont et viennent sur le sexe de Monsieur qui devra démontrer à l'occasion la solidité de ses érections. Ah, mais ! Monsieur doit jouer de son torse pour faire contrepoids, si par malheur il connaît la moindre défaillance, c'est la chute assurée !
Mais vos efforts seront récompensés, et si la fatigue s'installe, enlacez-vous, Mademoiselle agenouillez-vous sur la banquette en glissant les jambes de part et d'autre du bassin de Monsieur et terminez plus langoureusement ce que vous avez commencé avec autant de fougue que de prétention.

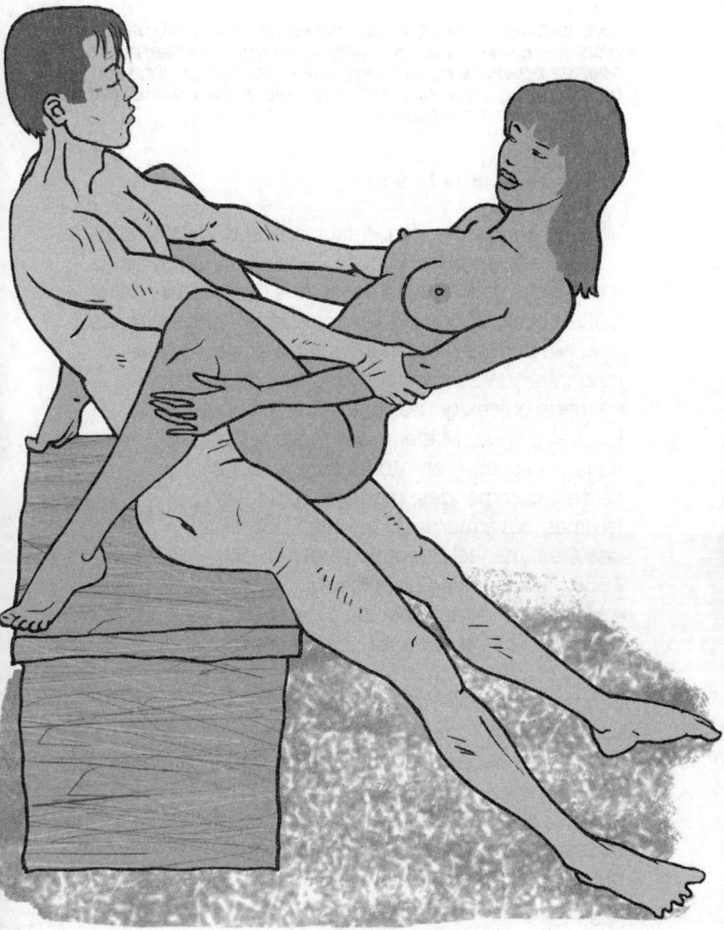

Par-dessous la jambe

SON SEXE EST BIEN DÉGAGÉ, MONSIEUR BANDE, ASSEYEZ-VOUS EN LUI EN TENDANT BIEN VOS FESSES OFFERTES ET BOUGEZ DOUCEMENT. SA JAMBE SUR VOTRE ÉPAULE N'EST PAS UN OBSTACLE, BIEN AU CONTRAIRE, AVIEZ-VOUS REMARQUÉ QU'IL AVAIT DE JOLIS PIEDS ?

Je ne veux plus le voir

Vous lui tournez le dos. Il faut dire que vous le supportez depuis déjà trois nuits… Une éternité ! Mais ça n'empêche pas les sentiments, ni le désir de bien faire. Cette position combine la simplicité et l'originalité, de plus elle permet de prendre son plaisir sans jamais rencontrer un seul instant le regard de ce personnage odieux qui partage votre chambre. Rappelez-vous, Mademoiselle, que les positions « dessus » ont toujours été considérées comme des manières pour les femmes d'affirmer leur autorité. *L'École des filles*, manuel d'érotologie datant de 1655, l'affirmait très clairement : *« Mais quand au lieu de voir que l'homme se tourmente pour venir au point désiré, c'est au contraire la femme qui prend cette peine de chevaucher et qui prend la peine d'elle-même de s'engainer autour de sa forte et dure lance, en faisant pour cela, à ses yeux, les actions requises et nécessaires, ô dame, c'est un bonheur qui n'a point d'égal et qui les doit ravir en des contentements extrêmes. »*

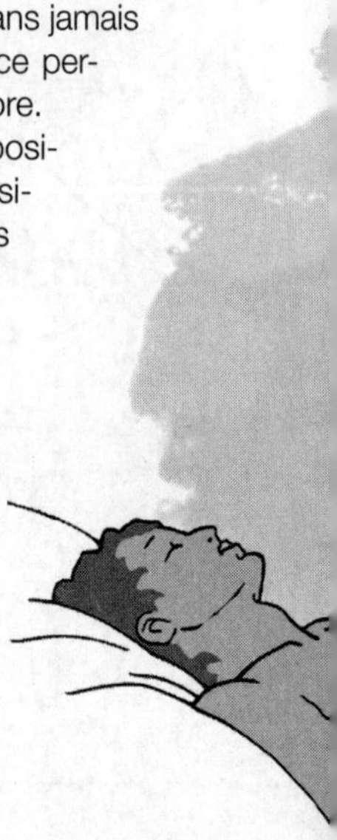

Quant à vous, Monsieur, point de tourment d'amour-propre, Mademoiselle est tout entière occupée à vous donner du plaisir, n'est-ce pas ce dont vous rêviez ? Bref, on peut parfaitement se faire la gueule et – littéralement – ne plus pouvoir « se voir » sans pour autant se priver d'un moment de jouissance extrême.

La réunion de 18 heures

VOTRE CHEF DE BUREAU N'EST PAS SATISFAIT DE VOTRE TRAVAIL, À MOINS QUE VOUS AYEZ DÉCIDÉ DE LE PUNIR DE SON MANQUE D'ATTENTION À VOTRE ÉGARD. ACCOUDEZ-VOUS, MONSIEUR VA SOULEVER SES FESSES DOUCEMENT. VOUS AVEZ JUSTEMENT FAIT UNE BÊTISE POUR ÊTRE AINSI PUNIE !

À bas la hiérarchie !

Vous dominez la situation, Mademoiselle. Vos pieds ne touchent quasiment pas le sol où seulement de la pointe, vous devrez balancer votre corps en cadence en vous basculant d'avant en arrière sur l'appui de vos cuisses posées sur celles de votre collègue de bureau. Il faut faire vite ; si vous avez suffisamment le sens de l'équilibre, glissez l'une de vos mains vers votre sexe et empoignez lui les testicules, un massage aussi violent que délicieux l'emmènera au ciel et tant pis pour les dossiers. Quant à vous, Monsieur, n'hésitez pas à caresser ses fesses offertes, sans jamais perdre de vue votre principal rôle dans cette affaire : ne pas tomber de la chaise.

Et songez que vous ne serez pas le premier à jouer à ce jeu. Déjà, au XVIIIe siècle dans le manuel *les Quarante manières de foutre* – c'est peu –, l'auteur décrivait une position bien pratique, la Mystérieuse : *« Le fouteur s'assoit sur une chaise, la fille se trousse et s'assoit aussi, mais sur ses cuisses et lui tourne le dos ; ensuite elle passe la main sous sa jupe, saisit le joyeux outil et le met en place, et s'enferre elle-même par son propre poids… » L'auteur précise que cette position peut être utile à connaître pour se distraire également « dans une voiture, au retour du spectacle, de la promenade, d'un bal, combien de filles ont été ainsi foutues, même auprès de leur chère maman »*.

La canne tordue

VOTRE SEXE MONSIEUR VA EN CONNAÎTRE DE BELLES, SON ANGLE HABITUEL NE FAIT PAS L'AFFAIRE. ET VOUS POURREZ À PEINE VOUS MOUVOIR SI MADEMOISELLE A LES CUISSES UN PEU FORTES, MAIS LE PLAISIR EST À CE PRIX, ELLE A DÉCIDÉ DE VOUS TORDRE !

Tu vas souffrir !

À l'impossible, nul n'est tenu, et pourtant ! Faire l'amour en ne changeant jamais de position de la première à la dernière seconde est parfois d'une tristesse infinie, à moins bien sûr que cela soit jouissif de cette première à cette dernière seconde. Mais en général, quand on a du temps, quand on veut s'explorer sensuellement, se donner du plaisir de multiples façons, plus ou moins confortables, plus ou moins délicieuses, il est bon de varier les plaisirs – justement –, les angles, les postures, les situations… Alors n'hésitons jamais à glisser dans nos gammes l'une de ces positions absurdes, inconfortables, parfois douloureuses qui – après – feront au moins un joli sujet de conversation.

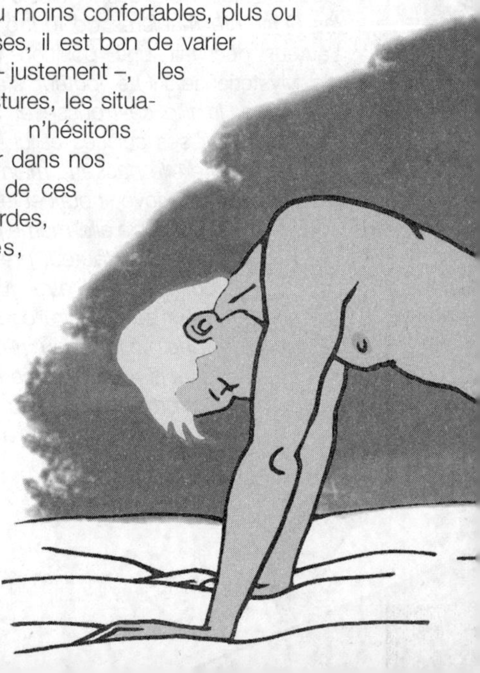

Mais pourtant tout ne se résume pas forcément à un exploit sportif. Ici, par exemple, Mademoiselle pourra serrer ses jambes et ses cuisses de manière à se « rétrécir » – un truc vieux comme le monde – pour augmenter le plaisir de la pénétration. De même, Monsieur pourra jouir d'un point de vue inédit sur le petit cul de Mademoiselle, sur son anus distendu et tentateur. Vous voyez qu'il n'y avait pas de raisons de se mettre en colère.

La fricarelle hétéro

FROTTEZ, FROTTEZ, ET LE PLAISIR VIENDRA. C'EST PARFAIT, VOUS N'ÊTES MÊME PAS OBLIGÉS DE VOUS REGARDER. CELA TOMBE BIEN, VOUS ÉTIEZ FÂCHÉS.

Je ne veux que ton sexe !

Pourquoi ne pas emprunter quelques bonnes manières au « troisième sexe », comme on disait naguère. Le vocabulaire érotique contemporain a justement oublié ces bonnes manières. Que dirait on aujourd'hui de deux jeunes femmes qui se donnent du plaisir mutuel en n'étant en contact que par leur sexe ? Qu'elles se frottent ! Naguère, les jeunes lesbiennes qui s'emmêlaient les jambes à la recherche du plaisir étaient appelée des fricatrices, et cette manière de faire l'amour désignée par un terme aux sonorités charmantes, presque enfantines, la fricarelle. Cette position extraordinaire était également baptisée « tribadisme », en référence aux tribades, des lesbiennes « qui se frottent » !
Les deux corps ne sont en contact que par les deux sexes accolés. Cela garantit une stimulation mutuelle exclusive des zones érogènes principales comme le clitoris, et les petites lèvres. La liberté des mains permet de caresser les jambes, les chevilles ou les pieds de son amie. Selon une sexologue, *« il s'agit d'une position sexuelle exigeant*

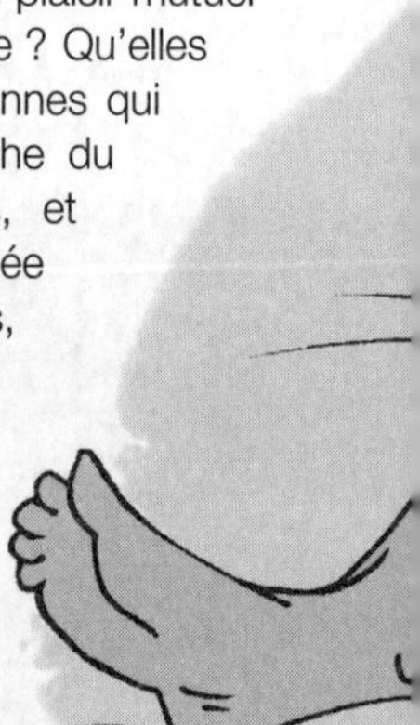

une bonne connaissance du corps de sa partenaire et une intimité physique et psychologique solide dans le couple. » Alors, pourquoi pas une version hétérosexuelle de cette position d'une simplicité charmante ? Vous n'êtes même pas obligés de vous toucher par une autre partie du corps. Dans un premier temps, il

ne s'agira que de caresses, la pénétration viendra plus tard. Monsieur sera un peu tordu, mais c'est justement ce qu'on lui reproche, et vous pourrez jouir sans avoir à vous regarder, c'est justement ce que vous désiriez.

6. la luxure

Paillardise, libertinage, triolisme, partouze, etc.

Selon l'Église catholique, « *toute activité sexuelle en dehors du mariage* (ou même, selon certains auteurs du Moyen Âge, en dehors de la fin reproductive de l'acte sexuel) *relève de la luxure.* » Autant dire que ce guide devrait être rangé sur les rayons de l'Enfer. Nous allons profiter de ce chapitre pour pousser le bouchon encore plus loin.

La luxure commence à l'imprécise frontière de vos tabous. Vous n'avez jamais fait l'amour avec plus d'un partenaire ? Le troisième galant vous ouvrira les portes de la luxure. Vous ne connaissez pas les joies du SM ou du bondage ? Qu'à cela ne tienne ! Votre anus délicat n'a jamais connu l'amour ? Ce sera bientôt fait !

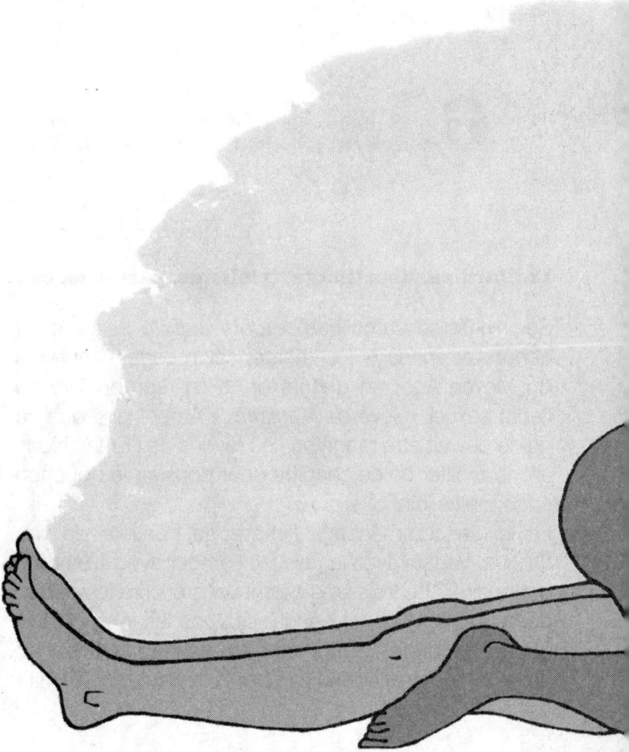

Monsieur et ses dames

UN FANTASME MASCULIN ABSOLU : UN TYPE ET TROIS FILLES. LES POSTURES QUE PERMET CETTE SITUATION DÉLICIEUSE – UN RÊVE ! – SONT AUSSI NOMBREUSES QU'ACROBATIQUES. NOUS ALLONS NOUS CONCENTRER SUR UN SEUL ÉPISODE DE CETTE SOIRÉE TUMULTUEUSE, LA FELLATION « EN ÉQUIPE ».

Duo

Selon notre docte ouvrage *Osez faire l'amour à 2, 3, 4*… la fellation, pratiquée en duo par deux jeunes filles, est une véritable symphonie sensuelle, pour peu que l'on en connaisse quelques règles. « *Pour chacune des deux filles, la fellation prodiguée en commun est d'abord un spectacle, ce pourrait aussi être une compétition, mais c'est d'abord une belle chose à faire ensemble. Carla et Béatrice feront donc alterner deux types de situations, celle ou l'une des deux agit seule, et celle où elles agissent ensemble. Quand Carla regarde Béatrice sucer Ary, c'est en variant les angles, en s'approchant ou en s'éloignant. Rien ne doit lui échapper* ». Êtes-vous prêtes pour le spectacle ? « *Voilà l'occasion de voir un sexe de garçon de près, d'observer comment il tressaille quand une bouche féminine s'empare de son gland,*

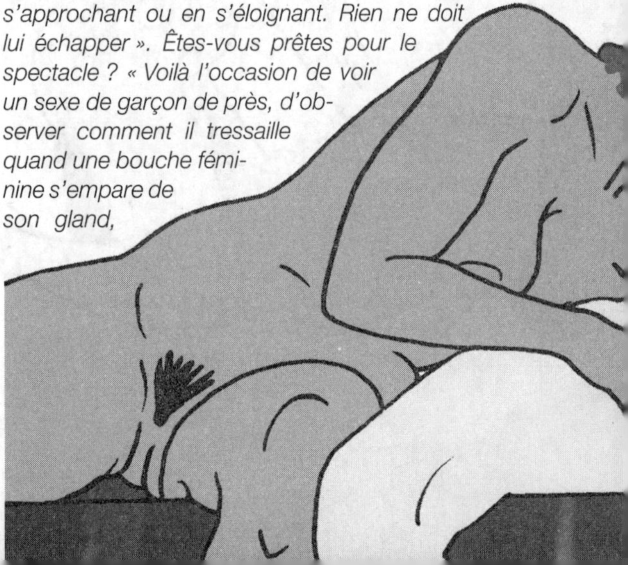

d'observer les effets de la sève qui monte… Il va sans dire que la spectatrice ne doit pas abandonner la bête pour autant. Celle qui regarde doit continuer à caresser la cuisse du Monsieur, ou lui flatter les testicules. »

Mais dans un duo, il arrive que chacun joue sa propre partition. « *Il y a les moments durant lesquels Béatrice et Carla vont conjuguer leurs efforts, le plus difficile sera pour elle de ne pas emmêler leurs cheveux lorsque leur visages se croiseront au-dessus du sexe d'Ary, le petit roi. Deux bouches en action c'est la possibilité d'embrasser ou de sucer en même temps deux parties sensibles d'un organe qui n'est en général qu'une immense partie sensible, des testicules au gland.* »

La suite dépend des capacités de Monsieur à retenir interminablement son éjaculation, et quand bien même ! Il aura déjà passé un moment inoubliable…

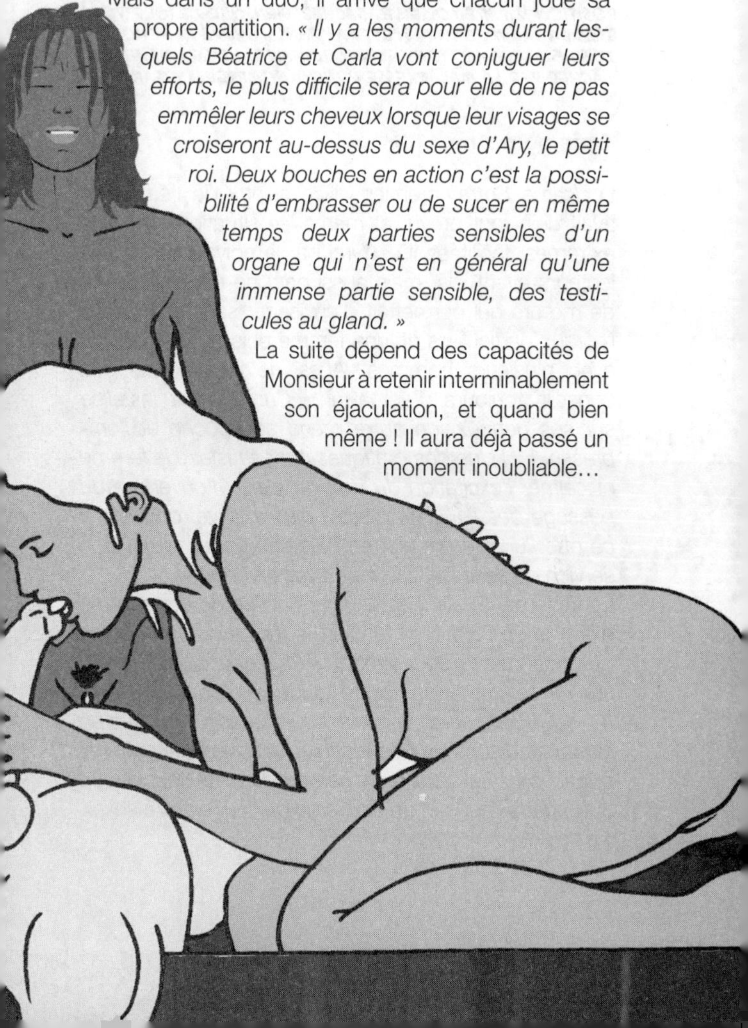

Mademoiselle reçoit au salon

UNE FILLE ET TROIS GARÇONS – À CE STADE, PEU IMPORTE LA POSITION ! MADEMOISELLE, SACHEZ BIEN QUE CE QUE VOUS ÊTES EN TRAIN DE VIVRE N'EST PAS DANS L'ORDRE DES CHOSES : IL S'AGIT D'UN MOMENT EXTRAORDINAIRE, NE LE LAISSEZ PAS GÂCHER PAR LA MALADRESSE DE VOS (NOMBREUX) AMANTS !

Trois pour une

Le *Kama Sutra*, premier « livre saint » de l'érotisme, avait déjà tout prévu, et même les situations les plus extrêmes, facilitées il est vrai par la polygamie de ses lecteurs éventuels, mais aussi par une certaine liberté de mœurs qui permettait d'envisager sans problèmes moraux particuliers qu'une femme puisse faire l'amour avec plusieurs hommes. Aussi, le livre donne des conseils toujours d'actualité : *« L'un la tient installée sur ses genoux, un autre prend sa bouche et l'embrasse. […] Une des pratiques pour satisfaire la femme et calmer l'excitation du trou du plaisir, l'ouverture du passage des liquides, c'est-à-dire la vulve, consiste à ce que l'un d'entre eux en plus des autres jeux fait le service du sexe de la femme avec sa bouche. »*
La triple pénétration est la figure ultime de cette forme extrême de l'érotisme féminin, à moins que ce ne soit qu'un fantasme pour films X. *« En jouirez vous à coup sûr ? »* se demandait notre guide de l'amour à 2, 3, 4… *« Ce sera selon la puissance du désir que vous en aviez, car disons-le, il devient bien difficile de se mouvoir quand on a le sexe d'un garçon dans la bouche, un autre dans l'anus et un troisième qui fouille votre sexe.*

La position idéale pour la triple pénétration n'existe pas, pourtant la plus fréquente, popularisée par les images pornographiques, est facile à imaginer. Ary s'allonge sur le dos, Béatrice s'assoit sur lui et glisse le pénis d'Ary dans son sexe, Charles se glisse à genoux derrière elle et la sodomise, tandis que Denis, à genoux à côté du trio offre son membre dressé aux lèvres de Béatrice. La pauvre risque d'en sortir avec quelques courbatures. »
Peut-être faudrait-il dans un premier temps se contenter de deux amis ?

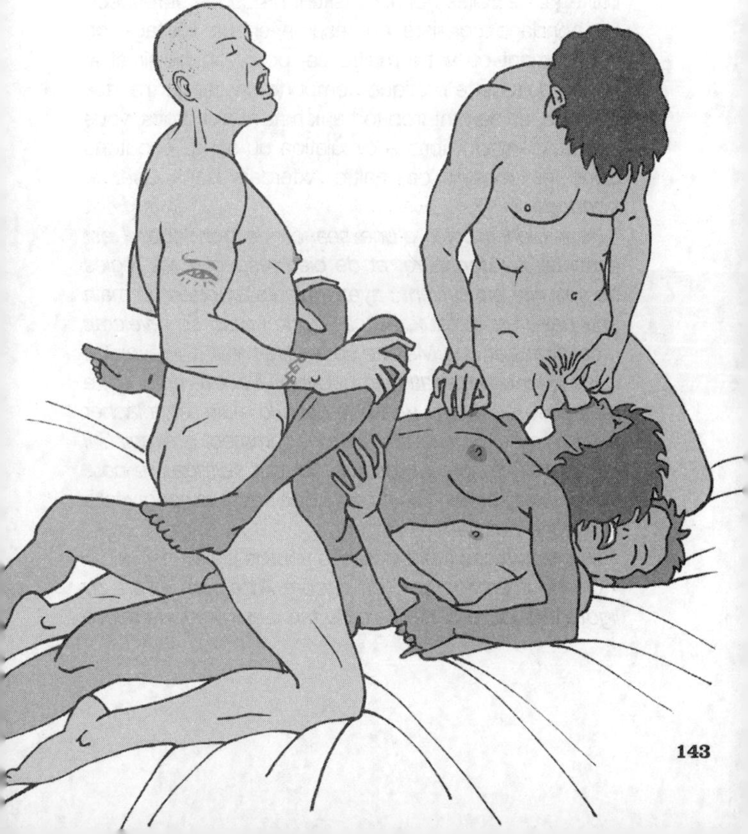

Je vous suis très attachée

MADEMOISELLE, VOTRE VOLONTÉ EST QUASIMENT ANNIHILÉE, VOUS NE POUVEZ PLUS BOUGER, LES LIENS VOUS EN EMPÊCHENT, SERIEZ-VOUS ADEPTE DU BONDAGE SANS LE SAVOIR ?

Bondage

Mais attention ! Nous venons de franchir une frontière invisible, celle qui sépare les pratiques sexuelles parfois extrêmes mais sans danger, pour peu que l'on se protège, de celles qui nécessitent prudence et respect. Le bondage consiste en résumé en un ligotage de votre amant ou votre maîtresse, pour son plaisir et le vôtre. Mais cette pratique comporte un danger mortel, puisque, en serrant trop fort aux mauvais endroits, vous risquez d'interrompre la circulation du sang. Écoutons donc les conseils de maître Axterdam dans *Osez le bondage*.

« Pour bien profiter d'une séance de bondage, il est essentiel de connaître, et de bien respecter les règles de sécurité qui suivent : ayez toujours à portée de main une paire de ciseaux, au cas ou le nœud se révèlerait récalcitrant et que Martine se sentirait mal… Prévoir un code pour une libération impérative ! Par exemple, votre maîtresse peut tenir une bille dans la main, et la lâcher s'il y a lieu – car avec un bâillon, comment prévenir ? Il existe trois zones à proscrire de tout serrage : le cou, l'aine, les aisselles. C'est par là que passe le sang vital à l'irrigation du cœur ! »

Ces précautions étant prises, à vous le plaisir.

« On peut comparer », dit encore Axterdam *« l'art du ligotage avec la cérémonie du thé. Leur pratique relève*

de la pensée méditative, autant que spirituelle et esthétique, teintée de senteur, sonorité et de goût. C'est un moment sacré. Préparez-vous, pensez-y à l'avance, installez votre autel : bougies, lumière douce ou crue suivant votre envie, étoffes, musique, chaleur – prévoir un chauffage d'appoint en hiver : faites entrer l'harmonie en vous… »

Monsieur profitera de la situation en faisant l'amour avec vous, mais pas longtemps, car l'une des règles d'or du bondage est bien sûr de ne pas faire durer la séance au-delà du temps pendant lequel les liens sont supportables. Détachez Mademoiselle immédiatement.

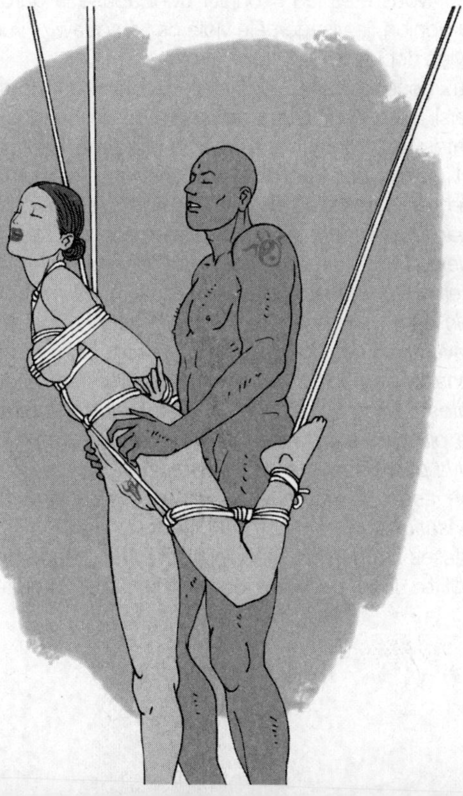

Chéri faites-moi confiance…

MONSIEUR, LES YEUX BANDÉS, EST ATTACHÉ BRAS EN CROIX AUX MONTANTS DU LIT, CHEVAUCHÉ PAR MADEMOISELLE QUI S'ADONNE AU PLAISIR PARFAIT DE JOUER AVEC UN BEL OBJET SEXUEL.

SM, niveau 1

Cette immobilisation est associée aux fantasmes les plus courants de domination ou de soumission : Monsieur vous êtes le prisonnier dont abuse la gardienne du donjon, le visage pâle violé par la squaw… vous en rêviez depuis le CM2.
Plus généralement, vous allez découvrir une forme de plaisir bien connu des amateurs de sensations différentes. Axterdam, dans *Osez le bondage*, écrivait : *« Il est parfois plus facile de s'abandonner, de se laisser aller, et d'accéder ainsi à un orgasme plus profond quand vous êtes soumis totalement aux désirs de quelqu'un d'autre. On peut atteindre un état méditatif intense en étant immobilisé et passif, seul immobile au sein d'un monde agité. C'est parfois très agréable de n'avoir plus aucune décision à prendre, surtout quand, dans la vie sociale, vous avez de grandes responsabilités à assumer et que vous êtes plutôt dominateur. De plus, en supprimant certains sens, comme la vue ou la parole, en interdisant le moindre geste, on ouvre son esprit à un nouveau monde de réceptivité aux sensations. »*
Laissez-vous aller Monsieur, et vous Mademoiselle profitez bien de votre beau jouet. Mais méditez ce

conseil de Gala Fur, dans *Osez le SM* qui vous suggère de jouer avec les nerfs de votre objet avant d'en jouir. « *La personne qui domine peut laisser son esclave attaché et s'absenter un moment. L'attente est un facteur d'inquiétude, et provoque en même temps une grande jouissance qui remonte à l'enfance, celle de l'appréhension de la correction magique qui efface les fautes.* »

Je vous aime comme vous m'aimez

CHER MONSIEUR, VOUS AVIEZ TOUJOURS RÊVÉ DE CONNAÎTRE LES PLAISIRS DÉLICATS DE LA PÉNÉTRATION SANS POUR AUTANT AVOIR ENVIE DE PARTAGER CET INSTANT AVEC UN AMI À MOUSTACHE ET POILS AUX PATTES. QUANT À VOUS, MADEMOISELLE, VOUS AURIEZ BIEN AIMÉ SAVOIR CE QUE CELA FAIT D'AVOIR UN ORGANE ÉRECTILE...

Gode ceinture

Avant toute chose, il vous faudra choisir l'objet. Ce système amusant se nomme un « gode ceinture », il s'agit d'un godemiché monté sur un harnais de cuir ou de latex qui donne aux jeunes filles qui le portent l'impression d'être nanties d'un beau sexe masculin en perpétuelle érection. Les plus raffinés des godes ceinture sont équipés d'un second olisbos, situé à l'intérieur du harnais et que Mademoiselle glisse dans son sexe, préalablement lubrifié de la manière qui lui semblera la plus adaptée à la situation. Ainsi, chaque « coup porté » entre les fesses de Monsieur lui procurera le plaisir d'un « contrecoup » délicieux, ce qui la conduira à adapter le rythme de la pénétration à son propre plaisir. N'oubliez pas avant de vous laisser aller à des mouvements frénétiques de bien « préparer » l'anus fragile de votre ami.

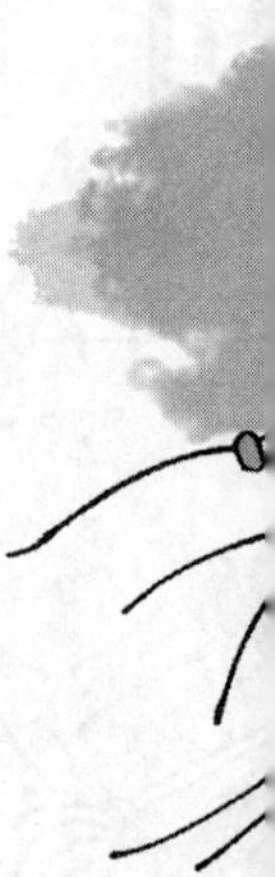

Sade, dans la *Philosophie dans le boudoir* affirmait que la meilleure des positions et la plus confortable pour le partenaire passif serait, « *de se coucher à plat ventre sur le*

bord du lit, les fesses bien écartées, la tête le plus bas possible. Le paillard (il s'agit pour nous d'une paillarde) après s'être un instant amusé de la perspective du beau cul que l'on présente, après l'avoir claqué, manié, quelquefois même fouetté, pincé, mordu, humecte de sa bouche le trou mignon qu'il va perforer, et prépare l'introduction avec le bout de sa langue ; il mouille de même son engin avec de la salive ou de la pommade et le présente doucement au trou qu'il veut percer ; il le conduit d'une main, de l'autre il écarte les fesses de sa jouissance ; dès qu'il sent son membre pénétrer, il faut qu'il pousse avec ardeur, en prenant bien garde de perdre du terrain… »

Pour une fois, il sera bon de se serrer la ceinture.

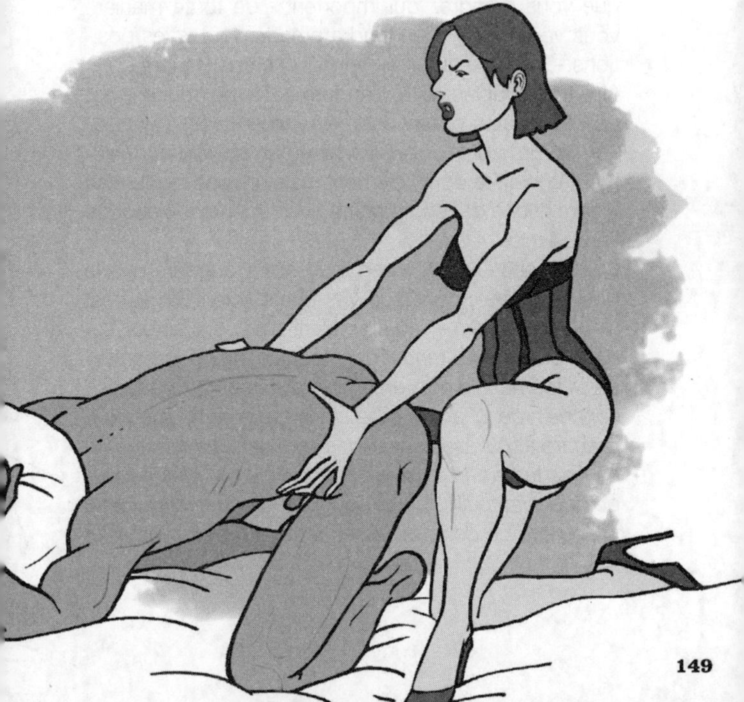

Classé X, enfin !

VOUS ALLEZ FAIRE L'AMOUR SIMPLEMENT, MAIS FACE À UNE CAMÉRA. CELA N'A L'AIR DE RIEN MAIS CELA IMPOSE DES POSTURES APPROPRIÉES, ET UN ÉTAT D'ESPRIT, VOIRE UNE ENDURANCE ADAPTÉS AUX CIRCONSTANCES. QUE VOTRE PUDEUR NE SOIT PAS ALARMÉE, NOUS NOUS CONTENTERONS POUR L'INSTANT DE RESTER ENTRE NOUS, FACE À UNE CAMÉRA TOURNANT AUTOMATIQUEMENT, SANS REQUÉRIR LA PRÉSENCE D'UN OPÉRATEUR.

Pornostars

Ce n'est pas la manière de faire l'amour ou les positions que vous prendrez qui importent – de toute manière vous verrez qu'il vous faudra prendre toutes les positions –, mais ce qu'on en verra à l'écran. Il faudra donc être très souples et très en forme. Le point culminant des différentes opérations sera évidemment l'éjaculation en gros plan… À ce rythme, un couple normalement constitué dont l'élément mâle n'a pas recours au Viagra risque de rendre grâce avant même le début de l'après-midi.

Ovidie dans *Osez tourner votre film X* suggère que la position idéale, pour que vos ébats soient filmés, est le « face caméra », qu'elle décrit ainsi : « *L'acteur est assis ou allongé, tandis que l'actrice est assise sur lui en lui tournant le dos, en équilibre sur ses jambes positionnées de chaque côté. Éventuellement, elle peut prendre appui avec ses mains en arrière sur le torse de son partenaire (s'il est allongé) ou bien sur les accoudoirs du fauteuil (s'il est assis). Et c'est ainsi qu'avec la seule force de ses cuisses, elle va devoir monter et*

descendre plus ou moins rapidement sur le sexe de l'acteur pendant de longues minutes. »
À moins que vous ne préfériez une levrette, artistiquement filmée. « *La caméra peut venir saisir des plans de pénétration du dessus (plan dit "subjectif" se mettant à la place du regard de la personne qui pénètre), du dessous (permettant ainsi de voir en même temps toutes les parties génitales de l'actrice), et également des deux côtés.* »
Mais au-delà de l'aspect technique, voire sexuel de cette situation terriblement érotique malgré les aspects parfois inconfortables, une question demeure. Que faire des films et surtout comment faire pour éviter que des indiscrets ne les regardent ?

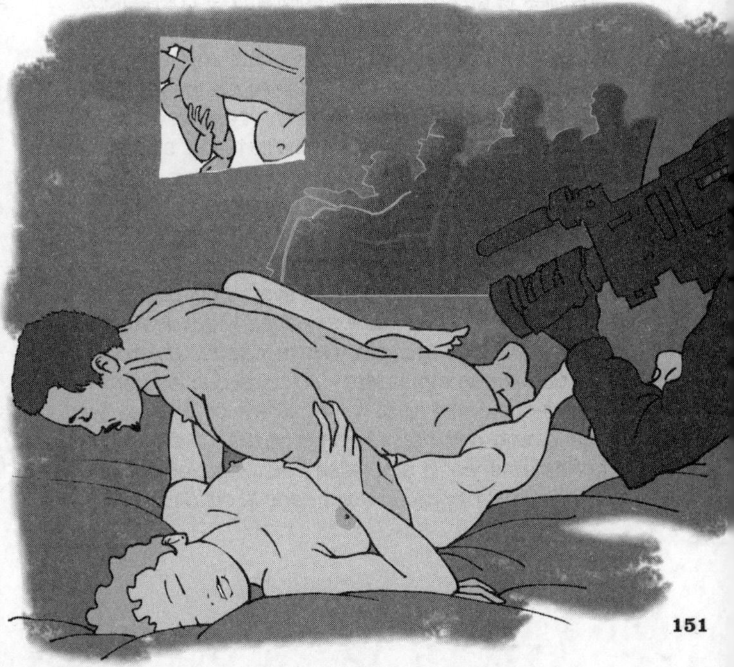

Chéri, où êtes-vous ?

RESTE L'ORGIE. PARDON ! NOUS VOULIONS DIRE UNE PETITE RÉUNION ENTRE AMIS.

Partouze

Dans notre guide sobrement intitulé *Osez faire l'amour à 2, 3, 4…*, nous vous mettions en garde contre l'un des aspects les plus triviaux mais essentiels au bon déroulement d'une soirée érotique. « *L'organisation d'une soirée privée est une activité pleine d'embûches, qui sort de notre sujet. Qui inviter ? semble la question la plus traumatisante… Quelques organisateurs de soirées "semi-privées" sur le modèle des soirées "des filles et du champagne" agissent par cooptations successives, agrandissant peu à peu leur cercle libertin.* » Quant aux figures que ces corps emmêlés vont composer, il faudrait des centaines de pages pour les décrire toutes. Dans son roman *Les Trente Jours de Marseille*, l'écrivain Michael Biermann s'amusait en mettant en scène le plus grand nombre de personnages possibles. « *Katheline embrasse Feyssal, qui branle Deidre, qui suce le con de Katheline. Émile suce le cul d'Antoine, qui branle Léonore, qui branle Émile.* » Ou « *Katheline branle Feyssal, qui plonge un olisbos dans le cul d'Émile, qui suce le cul de Katheline. Deidre suce Léonore, qui suce le cul d'Antoine, qui suce le con de Deidre.* » À moins que les participants s'organisent ainsi : « *Katheline suce Feyssal, qui suce le cul d'Antoine, qui plonge un olisbos dans le cul de Katheline. Émile embrasse Deidre, qui godemiche Léonore, qui plonge un doigt dans le cul d'Émile.* »…

Ou pourquoi pas comme cela : « *Katheline est enculée par Feyssal, qui est embrassé par Léonore, qui se fait sucer le cul par Katheline. Émile baise Deidre, qui embrasse Antoine, qui se fait sucer par Émile…* »
Mais ce n'est qu'un avant-goût !

7. la paresse

L'amour sans fatigue

Se reposer enfin, mais encore faire l'amour.
La paresse est un état délicieux, mais bien peu productif. Voici des positions en apparence bien peu fatigantes à mettre en œuvre. Ne vous fatiguez pas trop, il suffit d'un mouvement très doux pour que les sens s'éveillent. Et d'à peine un peu plus d'effort pour que le plaisir survienne alors que vous lézardez.

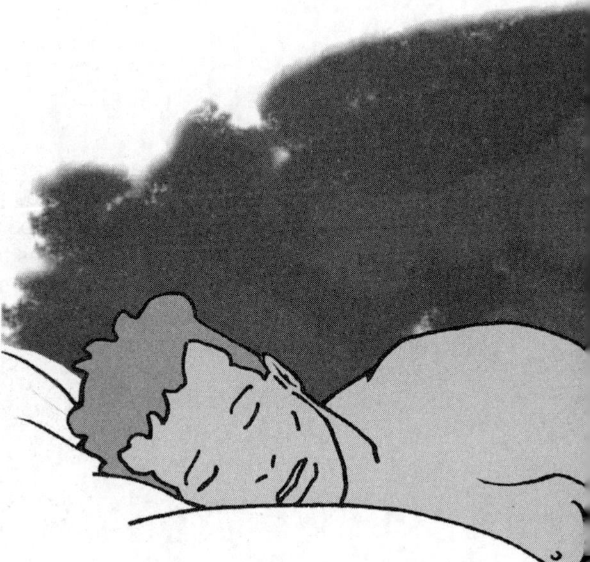

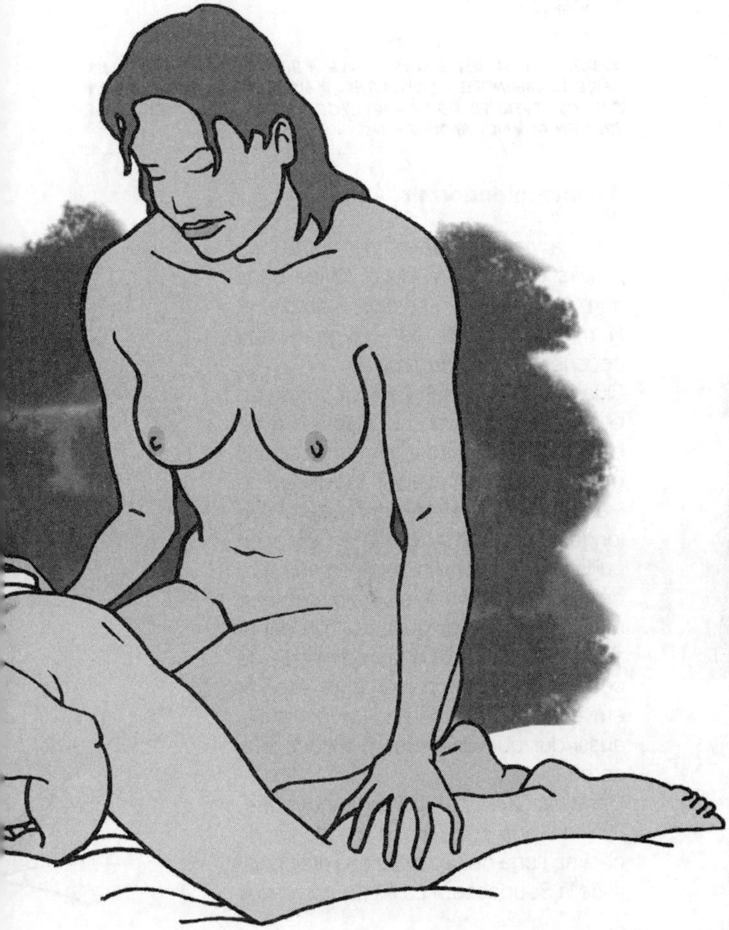

La paresseuse exagère

MADEMOISELLE EST ÉPUISÉE, ELLE A BIEN DÉCIDÉ DE NE PLUS FAIRE LE MOINDRE MOUVEMENT. MAIS ELLE VOUS OFFRE SON CUL, C'EST GENTIL DE SA PART. VOUS-MÊME, VOUS N'ÊTES PAS TRÈS EN FORME, AVOUEZ-LE...

J'allais m'endormir

« Il y a mille manières de goûter les plaisirs de Vénus », disait Ovide dans son *Art d'aimer, « la plus » simple et la moins fatigante est d'être à demi couchée sur le côté droit. »*

Quand on a trop fait l'amour, mais pas encore assez pour ne plus en avoir envie, il reste à adopter les positions que les anciens avaient qualifiées de « à la paresseuse ». Mademoiselle s'allonge, Monsieur se glisse en elle « en cuillère », le moindre mouvement sera délicieux, même si le sexe de Monsieur n'a plus la vigueur qu'il avait en début de soirée. C'est d'ailleurs l'intérêt de cette position, Monsieur peut espérer arriver à ses fins sans avoir à bander aussi dur que dans des positions plus acrobatiques.

Dans les *Quarante manières de foutre*, l'un de nos manuels d'érotologie de chevet, l'une de ces positions était baptisée la Boudeuse. *« La fille tourne le dos*

à son fouteur qui lui prend une de ses cuisses, passe la sienne entre, élève l'autre sur sa hanche et enconne bas et roide ; se couche sur ses cuisses à demi renversée, fout de suite et s'endort sur la besogne. Cette façon n'est pas sans attraits, c'est d'ailleurs une bonne recette pour faire un beau rêve. »

Voilà, tout est dit, vous êtes fatigués tous les deux, il ne vous reste plus qu'à vous endormir après une dernière éjaculation, un dernier spasme, un dernier orgasme.

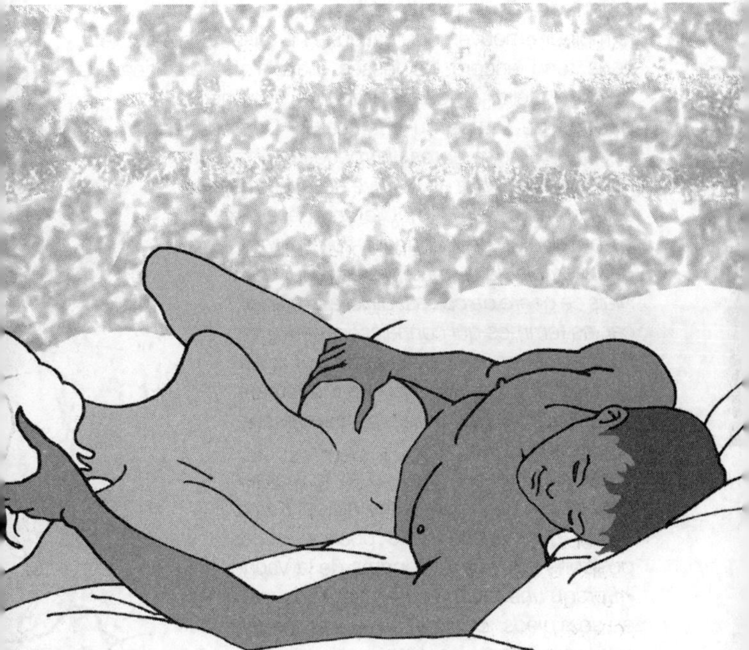

La levrette est fatiguée

MADAME EST FATIGUÉE, MAIS MONSIEUR VOUDRAIT ENCORE S'AMUSER UN PEU. MADAME SE MET EN POSITION POUR UNE LEVRETTE, RIEN DE PLUS CLASSIQUE, MAIS ELLE S'AMOLLIT SOUDAIN, SE RÉPAND SUR UNE PILE DE COUSSINS...

Fatiguée !

Autant dire qu'il ne faut pas compter sur elle pour faire le moindre mouvement. Fatiguée ! Epuisée même ! Elle vous tend encore les fesses mais n'attendez rien de plus d'elle. *Le Jardin parfumé* qualifiait cette position de Bosse du chameau. « *Dans cette position, lorsque après l'introduction l'homme retire son membre de la vulve de la femme, si celle-ci reste bien immobile en conservant sa posture, il s'échappe de son vagin un bruit semblable au mugissement du veau. Mais ce genre de coït est difficile à réaliser, car les femmes qui connaissent cette circonstance refusent de s'y prêter.* » Voilà qui devrait vous faire réfléchir Mademoiselle. Mais Monsieur ne s'en formalisera pas, promis.

Vous ne devrez pas vous formaliser non plus d'une autre réflexion du *Kama Sutra*, qui baptise cette position et les positions voisines le Congrès de la Vache. « *Lorsqu'une femme se tient sur ses mains et ses pieds comme un quadrupède et que son amant monte sur elle comme un*

taureau, cela s'appelle le Congrès de la Vache. À cette occasion, il y a lieu de faire sur le dos tout ce qui se fait sur la poitrine. » Notre vache pour l'heure est bien somnolente.

Car vous êtes fatiguée, et si cette posture est encore trop épuisante, n'hésitez pas à vous allonger sur le ventre chère amie, Monsieur se plaquera sur vous et là, vous n'aurez plus rien, mais alors plus rien à faire d'autre que d'attendre la venue du plaisir qui vous est dû.

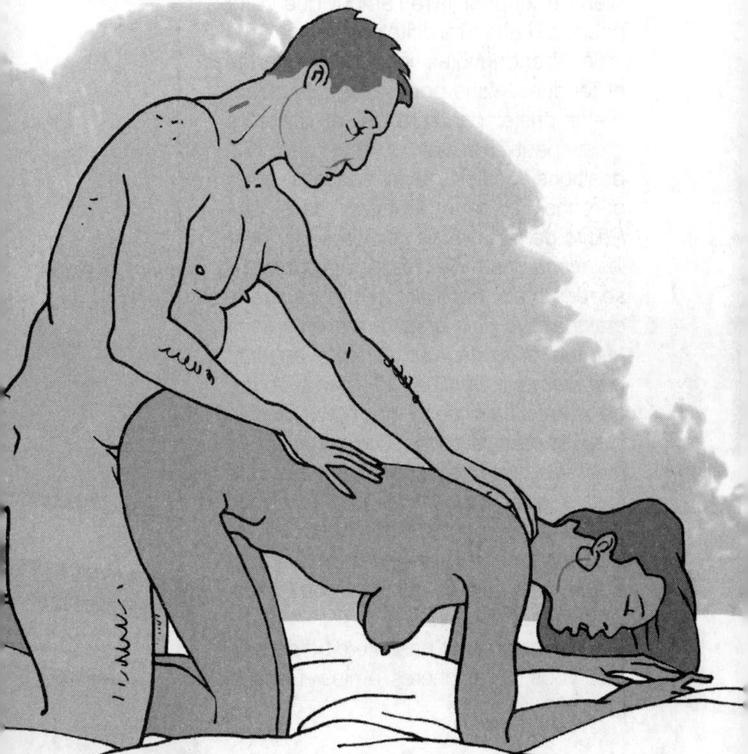

L'angle obtus

MADEMOISELLE, VOUS ÊTES ENCORE FATIGUÉE ! OH ! PARDON MONSIEUR, JE NE VOUS AVAIS PAS RECONNU. MAIS QU'IMPORTE, CETTE POSITION EST UNISEXE. LE PÉNÉTRANT AGIT TANDIS QUE LE OU LA PÉNÉTRÉ(E) SE LA COULE DOUCE EN PRENANT APPUI SUR UNE TABLE OU UN REBORD DE FENÊTRE.

Je ne tiens plus debout

Rien de tel pour faire l'amour que cette position d'une simplicité sans nom. Vous voilà abandonné(e), les fesses offertes et tendues. Vous pouvez faire semblant d'être pris(e) par surprise, et d'ailleurs c'est peut-être vrai. C'est l'une des positions idéales de la sodomie entre garçons, Renaud Camus, dans ses *Récits de rencontres sexuelles* en décrit les avantages. « *Ses fesses étaient assez serrées mais, contrairement à ce que je craignais, je suis entré entre elles sans aucune difficulté, car la fente en était parfaitement lubrifiée, soit par le foutre de quelqu'un d'autre qui l'avait enculé plus tôt dans la soirée, soit parce qu'il y avait mis, avant de sortir de chez lui, une crème quelconque. Ma bite est donc entrée dans son cul d'un seul coup, de tout son long. Il se penchait en avant, et d'une main passée derrière mes fesses, il me serrait contre lui.* »

Mais il ne vous est pas interdit d'en profiter vous aussi chères amies. Dans la

cuisine, à la campagne, vous n'avez pas trop envie de vous bouger et pourtant ce serait si agréable de faire l'amour. Il est si simple de s'appuyer sur un meuble ou un rebord de fenêtre, vous n'aurez qu'un geste à faire – et d'ailleurs peut-être le fera-t-il à votre place –, faire glisser votre culotte pour vous ouvrir à lui. Quant au reste ! Qu'il se démène ! C'est bien son tour.

Les bains de mer

L'EAU, SELON LE PRINCIPE D'ARCHIMÈDE QUE NOUS N'AVONS PAS LE COURAGE DE VOUS RAPPELER ICI – N'OUBLIEZ PAS QU'IL S'AGIT D'UN CHAPITRE FAISANT L'ÉLOGE DE LA PARESSE – PERMET D'OUBLIER SON POIDS, DE FAIRE L'AMOUR DANS UNE RELATIVE APESANTEUR. C'EST PARFAIT, NOUS ÉTIONS FATIGUÉS.

L'amour dans l'eau

Le *Kama Sutra* avait déjà bien exprimé la situation : « *Difficiles à sec, beaucoup de formes de copulation peuvent être faites dans l'eau en gardant la tête au-dehors. Les sortes de copulation les plus bizarres dont on a envie, mais qui sont difficiles à sec, peuvent se pratiquer dans l'eau. Toutes les formes d'enlacement que le garçon imagine sont possibles debout ou assis, mais pas couché sur le sol. Parmi les formes spéciales est l'empalement qui devient ainsi facile.* »
Pourtant, faire l'amour dans l'eau présente quelques inconvénients que nous évoquions dans *Osez faire l'amour partout sauf dans un lit*… « *Cela se prépare sur la berge. Mentalement, madame doit entrer dans l'eau déjà acquise à cette idée, le sexe humide, déjà prêt à recevoir Monsieur, une petite culotte essayant de préserver cet état… Car l'eau – et singulièrement l'eau de mer ! – annihile la lubrification vaginale naturelle de madame et il est hors de question de faire appel à un lubrifiant artificiel qui verra lui aussi ses effets disparaître rapidement. La solution reste donc de faire vite, pendant qu'on est dans l'ambiance, en sachant que sur la fin ça risque de chauffer un peu. […] N'oubliez pas non plus qu'il est naturel d'avoir quelques difficultés à maintenir une érection dans l'eau froide.* » Dans

l'eau, n'y a pas de position idéale. Il faut forcément prendre appui soit sur le sol, soit sur un rocher ou un quai.
Monsieur peut cependant s'agenouiller sur le fond, son poids le stabilisant au sol, vous viendrez alors, Mademoiselle, vous poser sur son sexe dressé dans l'onde et enserrer la taille de votre amant avec vos deux jambes en vous laissant porter par les flots.
Inutile d'apporter son maillot de bain.

La paresseuse se recroqueville

« ASSEZ ! DE GRÂCE, JE N'EN PEUX PLUS ! », CRIEZ-VOUS MADEMOISELLE. C'EST FINI, ALLONGEZ-VOUS SUR LE VENTRE EN REDRESSANT TOUT AU PLUS LÉGÈREMENT LE BASSIN. LE PEU D'ÉNERGIE QUI RESTE À MONSIEUR DEVRAIT SUFFIRE. ATTENTION, MADEMOISELLE, À NE PAS VOUS ENDORMIR.

À plat ventre

Les hommes savent bien l'intérêt qu'ils ont à vous mettre dans cette position, le sexe le plus court et le plus mou trouvera toujours le moyen de se glisser en vous tant vous êtes offerte. Cette position basique est favorable à toutes sortes de jeux. Elle permet aussi bien une sodomie langoureuse qu'aux deux amants de s'endormir, imbriqués l'un dans l'autre.
Les Paradis charnels suggèrent une variante de cette situation particulièrement reposante. « La baiseuse se couche sur le ventre et son amant se couche sur son dos. Elle relève ses jambes et place ses talons

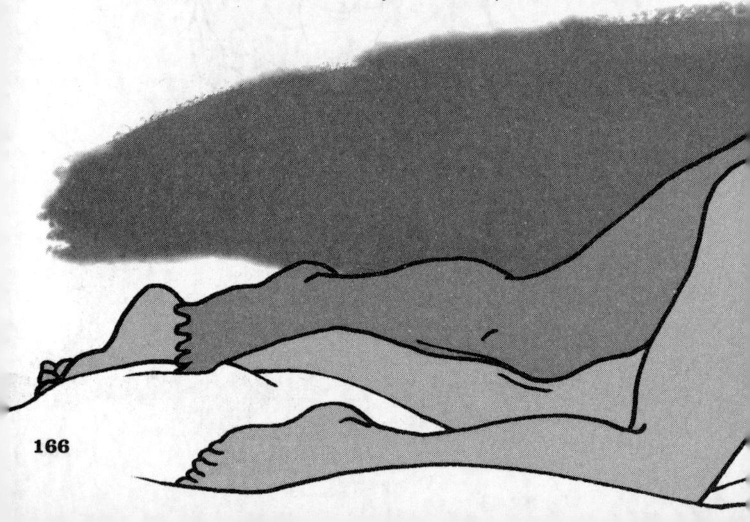

contre les fesses de son fouteur qu'elle aiguillonne. Il passe son bras autour de la taille de l'aimée et lui masse les nichons en la bécotant sur la nuque. » Une autre variante était nommée la Pollissoire : « *Sa maîtresse étant couchée sur le côté, la face sur l'oreiller, les jambes étendues, le galant se place derrière elle, s'appuie sur son dos, étend une jambe, passe l'autre entre les cuisses de la gentille friponne, qu'il carambole de tout son coeur.* »

Soyez doux et ferme Monsieur, Mademoiselle se fait de plus en plus tendre… « *Sur une belle endormie* », racontent les sexologue du site Doctissimo, « *toutes les caresses sont bienvenues. Ses bouts de seins se tendent sous les baisers ; sa peau est plus veloutée ; ses traits de visage détendus ont oublié soucis et contrariétés ; ses cheveux s'éparpillent joliment sur l'oreiller ; ses muscles relâchés la disposent à la jouissance.* »

Toutes les caresses, en effet, sont les bienvenues.

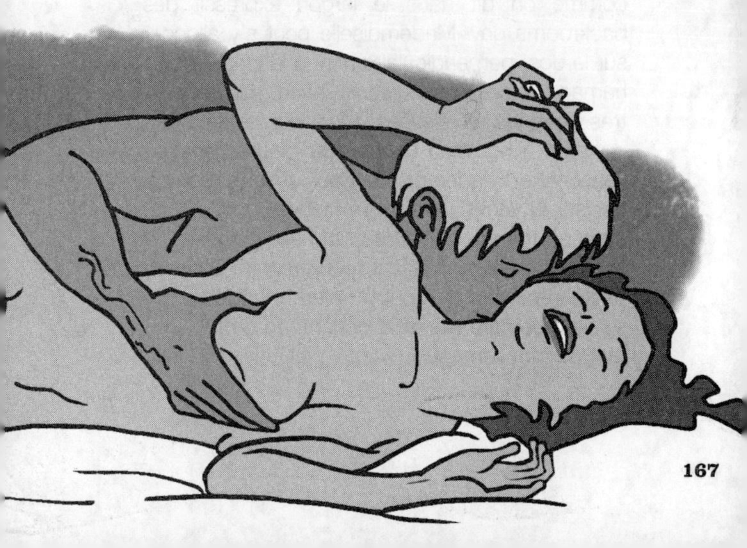

Copacabana

MADEMOISELLE EST ALLONGÉE EN TRAVERS D'UN TRÈS LARGE HAMAC – JAMBES BALLANTES OU RELEVÉES SUR LES ÉPAULES D'UN GARÇON, DEBOUT À CÔTÉ DU HAMAC, QUI FAIT BALANCER L'OBJET...

Dans un hamac

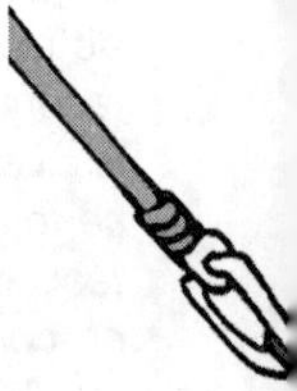

Le hamac se prête à de nombreux jeux érotiques, les deux partenaires peuvent s'y allonger côte à côte, la position la plus facile à mettre en œuvre est la cuillère, Mademoiselle tendant son petit cul au sexe de Monsieur dont les va-et-vient langoureux puis de plus en plus précis et vigoureux devraient normalement entraîner le balancement du hamac.
Le hamac peut aussi être utilisé par un seul de deux partenaires, l'autre restant debout à ses côtés. Le charmant objet estival prend alors des allures de sling, ces « balançoires à baise » comme on dit dans le jargon expressif des backrooms gay. Mademoiselle peut s'y allonger sur le dos, perpendiculairement à la longueur du hamac, de ses mains elle maintient ses jambes très écartées et relevées, Monsieur la pénètre, donnant à nouveau un peu de mouvement à l'ensemble. Mademoiselle peut aussi s'allonger sur le ventre, restant mi-debout, mi-couchée en travers du hamac dont elle entraîne le mouvement en prenant régulièrement une petite impulsion du bout du pied. Monsieur se tient derrière elle et la pénètre en profitant du mouvement.

Le plus grand risque reste évidemment que Mademoiselle ne s'endorme pendant l'action et que Monsieur se retrouve tout bête, le sexe dressé, face à une jeune femme dormant à poings fermés, en se balançant doucement au soleil.
Il va sans dire que l'objet doit être solidement arrimé !

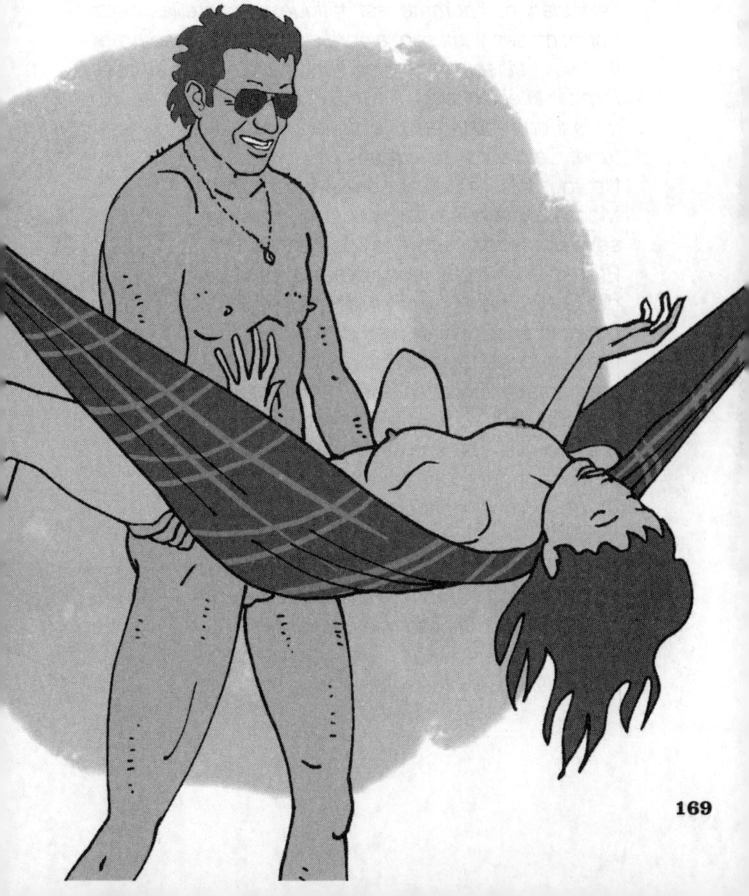

Avec vous mais sans vous

NOUS N'EN POUVONS PLUS...
MAIS POURQUOI DORMIR DÉJÀ ?

Une dernière caresse avant de s'endormir...

Monsieur a tout donné. Les taoïstes affirment : « *Après l'éjaculation, l'homme est fatigué, ses oreilles bourdonnent, ses yeux sont alourdis et il aspire au sommeil. Il a soif, et ses membres sont inertes et ankylosés. Pendant l'éjaculation, il éprouve un bref instant de joie, mais il en résulte ensuite de longues heures de lassitude. Ce n'est vraiment pas de la volupté...* »
Ne vous laissez pas abattre ! Mademoiselle, Monsieur est quasiment endormi, mais son sexe demande encore un peu d'attention. Prenez-le en main, jouez avec. Le Marquis de Sade, dans *La Philosophie dans le boudoir*, enseignait la méthode : « *Décalottez bien cette tête rubiconde, ne la recouvrez jamais... tenez-la nue... tendez le filet au point de le rompre.* » Ne recouvrez pas, c'est inutile, c'est la tension plus que le frottement qui est si délicieuse.
Et pour vous donner de la joie, Mademoiselle, vous pouvez suivre les conseils d'Italo Baccardi dans *Osez préparez votre corps à l'amour* : « *N'oubliez pas de passer l'index dans la raie des fesses pour masser le pourtour de l'anus. Servez-vous du mélange onctueux de l'huile avec les*

secrétions vaginales pour lubrifier les petites lèvres et le clitoris. Vous pouvez caresser votre clitoris de haut en bas, d'avant en arrière, ou effectuer un mouvement circulaire si vous êtes trop sensible ». Il affirmait encore : « *Pression et rythme varient d'une femme à l'autre. Commencez lentement et doucement, puis de façon plus rapide et plus appuyée pour voir ce qui vous convient le mieux et ce qui est le plus agréable. Beaucoup de femmes gardent le même rythme jusqu'à l'orgasme, d'autres s'arrêtent juste avant, puis attendent un peu avant de recommencer.* »
C'est pour votre bien. « *Les femmes caressées à satiété n'ont besoin de rien, ne désirent rien, ne regrettent rien…* », disait Maupassant.
Maintenant, vous pouvez vous endormir.

bibliographie

L'Art de foutre en quarante manières, Anonyme, Mille et une nuits, 2005

Le Jardin parfumé, Manuel d'érotologie arabe du Cheikh Nefzaoui, présenté par Mohamed Lasly, Picquier poche, 2002

Les Paradis charnels, A.-S. Lagail, L'Or du Temps, 1971 (épuisé)

La Philosophie dans le boudoir, Sade, La Musardine, 1997

La Rhétorique des putains, Anonyme, Gay et Doucé, 1880 (épuisé)

Tao de l'art d'aimer, Jolan Chang, Pocket, 2005

Les Trente jours de Marseille, Michael Bierman, Le Cercle, 2001

Une nuit d'orgie à Saint-Pierre Martinique, Effe Géache, La Musardine, 2000

index des positions

dans la même collection

Osez tout savoir sur la fellation, Dino
Osez les jeux érotiques, Dominique Saint-Lambert
Osez les nouveaux jeux érotiques, Dominique Saint-Lambert et Velvet
Osez le sexe selon les astres, Brigitte Lahaie
(Pour vous les filles) Osez les conseils d'un gay pour faire l'amour à un homme, Érik Rémès
Osez la fessée, Italo Baccardi
Osez tourner votre film X, Ovidie
Osez le bondage, Axterdam
Osez réussir votre nuit de noces, Marc Dannam
Osez coucher pour réussir, Etienne Liebig
Osez préparer votre corps à l'amour, Italo Baccardi
Osez faire l'amour à 2, 3, 4, Marc Dannam
Osez découvrir le point G, Ovidie
Osez la bisexualité, Pierre des Esseintes
Osez le Kama Sutra, Marc Dannam et Axterdam
Osez vivre nu, Marc Dannam
Osez la chasse à l'homme, Jane Hunt
Osez la sodomie, Coralie Trinh Thi
Osez la drague et le sexe gay, Raphaël Moreno
Osez les sextoys, Ovidie
Osez la masturbation féminine, Jane Hunt
Osez les conseils d'une experte du sexe pour rendre un homme fou de plaisir, Servane Vergy
Osez les conseils d'une lesbienne pour faire l'amour à une femme, Marie Candoe
Osez le strip-tease, Violeta Carpentier
Osez les jeux de soumission et de domination, Gala Fur
Osez le cunnilingus, Coralie Trinh Thi
Osez les rencontres sur Internet, Maïa Mazaurette
Osez pimenter la sexualité de votre couple, Marc Dannam
Osez les secrets d'une experte du sexe pour devenir l'amant parfait, Servane Vergy
Osez la masturbation masculine, Antoine Dole

Osez l'amour des rondes, Marlène Schiappa
Osez le quick sex, Jane Hunt
Osez l'amour au bureau, Marc Dannam
Osez devenir une cougar, Servane Vergy
Osez le libertinage, Pierre Des Esseintes
Osez réussir votre divorce, Marie Minelli
Osez le préservatif, Vincent Vidal
Osez les massages érotiques, Érik Rémès
Osez faire votre coming out, Paul Parant
Osez 52 scénarios de week-ends érotiques, Marc Dannam
Osez faire l'amour partout sauf dans un lit, Marc Dannam
Osez les sexfriends, Marie Minelli
Osez le sexe tantrique, Michèle Larue
Osez devenir une femme multiorgasmique, Servane Vergy
Osez le mariage gay & lesbien, Paul Parant
Osez les aphrodisiaques et autres stimulants sexuels, Vincent Vidal
Osez changer de sexe, Axel Léotard
Osez la leçon de fellation, Coralie Trinh Thi
Osez dresser votre mari, Octavie Delvaux
Osez l'infidélité, Pierre des Esseintes
Osez faire l'amour à Paris, Marc Dannam
Osez booster votre libido, Michèle Larue
Osez l'amour après 60 ans, Roselyne Madelenat

GRANDS OSEZ, par Marc Dannam :
1001 secrets érotiques à susurrer à l'oreille de votre amoureux/se
99 cadeaux sexy à offrir à votre amoureux/se
669 gages érotiques
102 scénarios érotiques à réaliser avec votre amoureux/se
Tout Osez
111 défis érotiques

Imprimé en décembre 2014 par Liberdúplex
Dépôt légal: janvier 2015